niveau 1

Régine Mérieux
Yves Loiseau

connexions

Cahier d'exercices

didier

Table des crédits

Photo de couverture : © Max Dia/Getty Images
Couverture : Chrystel Proupuech
Conception maquette et mise en pages : Pauline Bonnet
Photos : 96 (photo 3) : Jeff Mermelstein / Getty Images
Aurélia Galicher : 71
Emmanuel Lainé : 52 ; 71
Illustrations : Cyrille Berger : 4, 5, 15, 16, 23, 80, 81, 82, 83, 94, 100, ; Jean-Louis Marti – RetM Graphic : 8, 19, 20, 26, 33, 47, 48, 54, 57, 58, 62, 64, 79, 92, 103 ; Yves Loiseau : 54

© Les Éditions Didier, Paris 2004   ISBN 978-2-278-05528-9   Imprimé en Italie
Achevé d'imprimer en octobre 2010 par La Tipografica Varese
Dépôt légal : 5528/14 - 5592/06

SOMMAIRE

1
Bonjour !

Livre de l'élève
pages 8 et 9

Exercice 1

Écoutez et cochez [☒] la réponse qui convient.

1. ☐ Bonjour, monsieur.
☐ Salut.
☐ Ça va.

2. ☐ Hum, ça va !
☐ Salut.
☐ Bonne journée !

3. ☐ Bien, merci.
☐ Asseyez-vous !
☐ D'accord.

4. ☐ D'accord.
☐ À bientôt.
☐ S'il vous plaît.

5. ☐ Bonjour.
☐ Tchao.
☐ Bien, merci.

Exercice 2

Écoutez les dialogues. Écrivez *tu* ou *vous*.

	1	2	3	4	5
	vous	- - - -	- - - -	- - - -	- - - -

Outils Saluer

Livre de l'élève
pages 10 et 11

Exercice 3

Que disent les personnes ? Écrivez un dialogue.

1.

2.

3.

4.

Exercice 4

Ça s'écrit comment ? Écoutez et complétez les mots.

1. à bient _ _
2. bonj _ _ r
3. d'ac _ _ _ d

4. directr _ _ _
5. mad _ _ _
6. m _ _ ci

7. m _ _ sieur
8. pard _ _
9. sal _ _

L'alphabet

Exercice 5

Écoutez et écrivez les lettres.

1. _ _ _ _ _ **2.** _ _ _ _ _ **3.** _ _ _ _ _ **4.** _ _ _ _ _ **5.** _ _ _ _ _ **6.** _ _ _ _ _ **7.** _ _ _ _ _ **8.** _ _ _ _ _ **9.** _ _ _ _ _

Exercice 6

Écoutez et choisissez la lettre que vous entendez.

1. ☐ c ☒ s   **3.** ☐ d ☐ t   **5.** ☐ e ☐ o   **7.** ☐ m ☐ n   **9.** ☐ e ☐ u
2. ☐ e ☐ i   **4.** ☐ k ☐ q   **6.** ☐ b ☐ p   **8.** ☐ g ☐ j   **10.** ☐ l ☐ r

Exercice 7

Écoutez et choisissez la lettre que vous entendez.

1. ☐ é ☒ ê   **4.** ☐ ù ☐ è   **7.** ☐ é ☐ è
2. ☐ d′ ☐ c′   **5.** ☐ ç ☐ c′   **8.** ☐ ï ☐ ü
3. ☐ ê ☐ î   **6.** ☐ à ☐ è   **9.** ☐ t′ ☐ d′

Écoutez et choisissez le mot que vous entendez.

1. ☒ chère   ☐ chéri   ☐ chers
2. ☐ mis   ☐ mes   ☐ mus
3. ☐ cage   ☐ sage   ☐ gage
4. ☐ pure   ☐ pire   ☐ pile
5. ☐ nom   ☐ mon   ☐ non

6. ☐ coule   ☐ coure   ☐ courre
7. ☐ père   ☐ péri   ☐ pêle
8. ☐ jouer   ☐ jour   ☐ joueur
9. ☐ mare   ☐ marre   ☐ narre

Ça s'écrit comment ? Écoutez et écrivez les mots.

1. _____   2. _____   3. _____   4. _____   5. _____   6. _____   7. _____   8. _____   9. _____

Écoutez et écrivez le nom des villes.

1. _____   3. _____   5. _____   7. _____   9. _____
2. _____   4. _____   6. _____   8. _____

S'excuser

Livre de l'élève pages 12 et 13

Écoutez les dialogues et complétez.

Dialogue 1
- Bonjour, monsieur.
- _____.
- _____?

Dialogue 2
- Ah ! Bonjour, Madame Legrand, vous avez fait bon voyage ?
- Oui, _____.
- _____?
- _____?

Dialogue 3
- Pardon, vous êtes Ali Medjahed ?
- _____.
- _____.

Dialogue 4
- Bonjour, Madame Jovinac.
- _____.
- _____.

Les nombres de 0 à 10

Écrivez en lettres.

1 : *un*
0 : _____
3 : _____
8 : _____
6 : _____
5 : _____

7 : _____
10 : _____
9 : _____
4 : _____
2 : _____

Entourez les nombres :

1 4 0 6 7 10   9 3 5 8

a	q	u	a	t	h	u	i	s	i	d
c	u	n	t	s	i	n	z	e	l	o
t	i	o	c	i	n	q	é	p	c	u
o	n	c	i	x	e	u	r	t	i	x
i	q	u	d	e	u	x	o	a	n	i
s	u	z	i	r	f	i	s	r	e	q
n	a	é	x	z	é	r	a	h	u	u
e	t	r	o	i	s	p	n	u	f	a
t	r	i	n	r	e	u	r	i	n	x
s	e	t	u	o	t	r	o	t	e	i

Calculez. Écoutez, écrivez et indiquez le résultat.

1. *un + trois = quatre*
2. _____ = _____
3. _____ = _____
4. _____ = _____
5. _____ = _____

6. _____ = _____
7. _____ = _____
8. _____ = _____
9. _____ = _____
10. _____ = _____

Les premiers gestes

Exercice 15

Écrivez le nombre correspondant sous chaque dessin.

un

- - - - -   - - - - -   - - - - -   - - - - -

- - - - -   - - - - -   - - - - -   - - - - -

 ## Vous avez 1 nouveau message

Livre de l'élève
pages 14 et 15

phonétique

Intonation

Exercice 16

Écoutez, puis répétez.

1. Quatre ? - Quatre.
2. Oui ? - Oui.
3. D'accord ? - D'accord.

Exercice 17

Qu'est-ce que vous entendez ? Écoutez et choisissez une des deux réponses.

1. ☐ Ça va ?
   ☒ Ça va.

2. ☐ Julien ?
   ☐ Julien.

3. ☐ D'accord ?
   ☐ D'accord.

4. ☐ À demain?
   ☐ À demain.

5. ☐ Monsieur ?
   ☐ Monsieur.

6. ☐ Trois ?
   ☐ Trois.

7. ☐ Paris ?
   ☐ Paris.

8. ☐ Oui ?
   ☐ Oui.

Ça s'écrit comment ?

Exercice 18

Qu'est-ce que vous entendez ? Écoutez et cochez le mot que vous entendez.

1. ☐ bas   ☐ boit   ☐ bout
2. ☐ far   ☐ foire   ☐ four
3. ☐ ma   ☐ moi   ☐ mou
4. ☐ par   ☐ poire   ☐ pour

5. ☐ passe   ☐ poisse   ☐ pousse
6. ☐ sa   ☐ soi   ☐ sous
7. ☐ chat   ☐ choix   ☐ choux

Exercice 19

Qu'est-ce que vous entendez ? Écoutez et cochez le mot que vous entendez.

1. ☐ bar   ☐ boire
2. ☐ cale   ☐ coule
3. ☐ roi   ☐ roux

4. ☐ cape   ☐ coupe
5. ☐ lâche   ☐ louche
6. ☐ noix   ☐ nous

7. ☐ rage   ☐ rouge
8. ☐ soir   ☐ sourd
9. ☐ tasse   ☐ tousse

Exercice 20

Écoutez et écrivez.

1. t _ _ t - t _ _ - t _ t
2. p _ _ l - p _ _ le - p _ _ le
3. v _ _ s - v _ _ s - v _ _ s
4. b _ _ rg - b _ _ r - b _ _ re

5. p _ _ sson - p _ _ ssons - p _ _ ssons
6. ch _ _ r - ch _ _ rre - ch _ _ r
7. f _ _ r - f _ _ re - f _ _ rre

Écoutez et écrivez.

1. p _ _ rl _ _ r   **3.** n _ _ g _ _ t   **5.** m _ _ ch _ _ r   **7.** r _ s _ _ r   **9.** n _ _ n _ _ rs

2. v _ _ l _ _ r   **4.** p _ _ rt _ _ t   **6.** p _ _ rb _ _ re   **8.** c _ l _ _ r   **10.** p _ _ v _ _ r

La géographie de la France

Livre de l'élève
pages 16 et 17

Retrouvez les pays de l'Europe de l'Ouest.

le Luxembourg = n° _ _

l'Espagne = n° _ _

la Grande-Bretagne = n° _ _

l'Allemagne = n° _ _

le Portugal = n° _ _

la Suisse = n° _ _

la France = n° _ _

la Belgique = n° _ _

l'Italie = n° _ _

les Pays-Bas = n° _ _

2 Rencontres

Exercice 1

Livre de l'élève
pages 18 et 19

Complétez.

Norma : Je suis _____ . J'_____ à Toluca. J'_____ 30 ans.

Paola : Je _____ de Milan. J'_____ le _____ au lycée.

Saïd : _____ , je _____ Saïd et j'habite _____ Rabat.

Marek : Moi, _____ Marek. J'habite et je _____ à Berlin _____ je _____ polonais.

J'ai 36 _____ . Je suis _____ le 3 mai 1968.

Exercice 2

Trouvez les réponses qui conviennent dans la colonne de droite.

1. Vous vous appelez comment ?

2. Vous êtes française ?

3. Tu t'appelles comment ?

4. Vous habitez où ?

5. Vous avez quel âge ?

6. Tu habites à Nice ?

a. Non, belge.

b. À Oslo.

c. Non, je travaille à Nice et j'habite à Cannes.

d. Céline. Céline Dupuis.

e. J'ai 20 ans.

f. Mario. Et toi ?

1	2	3	4	5	6
--	--	--	--	--	--

Exercice 3

Écoutez, choisissez *vrai, faux* **ou ?. Corrigez quand c'est faux.**
Exemples : Norma a 30 ans ➜ *vrai*
Norma est brésilienne ➜ *faux : Norma est mexicaine.*

	vrai	faux	?	
Mathias est allemand.	☐	☐	☐	....
Mathias a 33 ans.	☐	☐	☐	....
Mathias est très sympa.	☐	☐	☐	....
Zohra est tunisienne.	☐	☐	☐	....

Complétez avec *je* (*j'*), *tu, il* **ou** *elle*.

1. - _____ habites où ?
   - À Paris, et toi ?

2. - Saïd est algérien ?
   - Non, _____ est marocain.
   - Et Malika ?
   - Elle, _____ est algérienne.

3. - _____ ai 36 ans. Et toi, _____ as quel âge ?
   - 32 ans !

4. - _____ apprend le français, Paola ?
   - Oui, et _____ aime la France !

5. - _____ est de Berlin, Marek ?
   - Non, _____ travaille à Berlin mais _____
     est polonais.

 Outils # Les nationalités

Livre de l'élève
pages 20 et 21

Relisez les activités 4, 5 et 6 de votre livre et complétez le tableau.

	féminin = masculin à l'oral	féminin = masculin à l'écrit
portugais	*non*	- - -
espagnol	*oui*	- - -
marocain	- - -	- - -
belge	- - -	- - -
chinois	- - -	- - -
allemand	- - -	- - -
mexicain	- - -	- - -
australien	- - -	- - -

a) Choisissez, dans la liste, l'adjectif qui convient ; mettez-le au masculin ou au féminin
   et complétez les phrases.

grec - français - brésilien - italien - portugais - anglais

1. Copacabana est une plage _____ .
2. Le steak-frites, c'est _____ !
3. Le porto est un vin _____ .
4. Philippe adore le footballeur _____ David Beckham.
5. Ornella Mutti est une belle actrice _____ .
6. Dalaras ? C'est un chanteur _____ .

 b) Contrôlez avec l'enregistrement.

Les nombres de 11 à 69

a) Écrivez en lettres.

17 : _____

21 : _____

33 : _____

48 : _____

50 : _____

69 : _____

b) Écrivez en chiffres.

onze : _ _ _ _ _

vingt-huit : _ _ _ _ _

trente-six : _ _ _ _ _

quarante et un : _ _ _ _ _

cinquante-deux : _ _ _ _ _

soixante-sept : _ _ _ _ _

Écoutez et complétez les numéros de téléphone.

Bonjour, Service information de la mairie de Nantes. Notez bien les numéros utiles :

Pompiers : _ _ _ _ _ _ _ _ _ _

Police : _ _ _ _ _ _ _ _ _ _

SOS Médecins : _ _ _ _ _ _ _ _ _ _ _ _ _

Taxis : _ _ _ _ _ _ _ _ _ _ _

SNCF : _ _ _ _ _ _ _ _ _ _ _ _ _

Se présenter / présenter quelqu'un

Livre de l'élève pages 22 et 23

Répondez.

Vous vous appelez comment ? _____

Vous avez quel âge ? _____

Quelle est votre nationalité ? _____

Vous habitez où ? _____

Écoutez l'enregistrement et remplissez la fiche d'identité.

Nom : Picacci

Prénom : _ _ _ _ _ _ _ _

Né(e) le : 22/03/1977 à _ _ _ _ _ _ _ _

Nationalité : _ _ _ _ _ _ _ _

Adresse : _ _ _ _ _ _ _ _ rue Condotti, Naples.

ITALIE

.Rome

.Naples

Complétez la grille.

	être	avoir	s'appeler	travailler
je / j'	*suis*	- - -	- - -	- - -
tu	- - -	*as*	- - -	- - -
il / elle	- - -	- - -	*s'appelle*	- - -
vous	- - -	- - -	- - -	*travaillez*

Complétez ce dialogue.

- Bonjour ! Je m'appelle Diana. Et toi, tu _ _ _ _ _ comment ?
- Axel. _ _ _ _ _ 22 ans, et toi ?
- Moi, 24 ans.
- Tu _ _ _ _ _ anglaise, Diana ?
- Non, non. Je _ _ _ _ _ canadienne. _ _ _ _ _ à Ottawa mais _ _ _ _ _ le français à Paris. Toi, tu _ _ _ _ _ français ?
- Oui, oui. Je _ _ _ _ _ de Paris.

Écrivez un petit texte de présentation pour ces deux personnes.

1. Pierre Dupont / Lyon / 38 ans/ français.

----

2. Katja Ritz / allemande / Stuttgart / 21 ans.

Classez les mots suivants dans le tableau.

France - dialogues - université - numéro de téléphone - adresse - noms - âge - prénom - nationalité - français - fiches

le	la	l'	les
- - - - -	- - - - -	- - - - -	- - - - -
- - - - -	- - - - -	- - - - -	- - - - -
- - - - -	- - - - -	- - - - -	- - - - -
- - - - -	- - - - -	- - - - -	- - - - -

Vous avez 1 nouveau message

Livre de l'élève
pages 24 et 25

Demander à quelqu'un de se présenter

Exercice 15

Retrouvez les questions.

1. - _____

    - Pierre François.

2. - _____

    - À Marseille.

3. - _____

    - 32 ans, et toi ?

4. - _____

    - popi@club-internet.fr

5. - _____

    - C'est le 01 44 42 30 38.

Exercice 16

Posez des questions à votre voisin pour compléter les fiches.

A

Nom :	Adriana Orcetta	_ _ _ _ _	Luca Disegni	_ _ _ _ _
Âge :	31 ans	_ _ _ _ _	20 ans	_ _ _ _ _
Nationalité :	argentine	_ _ _ _ _	italien	_ _ _ _ _
Adresse électronique :	adluc@conquis.ar	_ _ _ _ _	iboc@libero.it	_ _ _ _ _
Téléphone :	(54) 11 26 55 22 01	_ _ _ _ _	(39) 06 56 74 062	_ _ _ _ _

Posez des questions à votre voisin pour compléter les fiches.

B

Nom :	-----	Naoko Kawasami	-----	Jallal Benali
Âge :	-----	40 ans	-----	26 ans
Nationalité :	-----	japonaise	-----	libanais
Adresse électronique :	-----	nkawasami@nifty.ne.jp	-----	jbenali@mamon.lb
Téléphone :	-----	(81) 6 63 91 73 59	-----	(961) 1 420 142

phonétique

Le rythme

Exercice 17

a) Écoutez et entraînez-vous à dire ce poème de Jean Tardieu.

Quoi qu'a dit ? – A dit rin.
Quoi qu'a fait ? – A fait rin.
À quoi qu'a pense ? – A pense à rin.
Pourquoi qu'a dit rin ?
Pourquoi qu'a fait rin ?
Pourquoi qu'a pense à rin ?
- A'xiste pas.

Jean Tardieu

b) Écoutez l'enregistrement et faites oralement les réponses aux questions. Attention au rythme !

Quoi qu'a dit ? – _ _ _ _ _ _ _ _ _ _ _ _ .
Quoi qu'a fait ? – _ _ _ _ _ _ _ _ _ _ _ .
À quoi qu'a pense ? – _ _ _ _ _ _ _ _ _ _ .
Pourquoi qu'a dit rin ?
Pourquoi qu'a fait rin ?
Pourquoi qu'a pense à rin ?
- _ _ _ _ _ _ _ _ _ _ .

c) Écoutez l'enregistrement pour contrôler.

Exercice 18

Écoutez et entraînez-vous à dire ce poème.

> *Grand merci, grand merci.*
> *Merci. Mille fois merci.*
> *À bientôt !*
> *- Mais oui - Mais non !*
> *Ce n'est rien, je vous en prie.*
>
> Jean Tardieu

Exercice 19

Écoutez et dites si vous entendez le son [y] dans le 1er ou dans le 2e mot. Cochez la case qui convient.

	1er mot	2e mot
1.	☐	☐
2.	☐	☐
3.	☐	☐
4.	☐	☐
5.	☐	☐
6.	☐	☐

La France en Europe

Livre de l'élève
pages 26 et 27

Exercice 20

Qui écrit ? Complétez le tableau.

	un homme	une femme	on ne sait pas ?
1. Je suis turc.			
2. Je suis bulgare.			
3. Je suis grecque.			
4. Je suis finlandais.			
5. Je suis roumaine.			
6. Je suis belge.			
7. Je suis espagnole.			
8. Je suis danois.			

Exercice 21

a) Lisez chaque proposition et <u>soulignez</u> le nom du pays en français.

1. Angleterre – Ingiltere – England – Inghilterra
2. Francia – France – Fransa – Frankreich
3. Türkiye – Turquie – Turchia – Turquía
4. Hungary – Ungheria – Hongrie – Macaristan
5. İspanya – Espagne – Spain – Spagna

b) Lisez chaque proposition et <u>soulignez</u> le nom de la ville en français.

1. Atene – Athen – Athènes – Atenas
2. Wien – Vienna – Viyana – Vienne
3. Varsovia – Varsavia – Varsovie – Warschau
4. Brussels – Bruxelles – Brüssel – Bruselas
5. Lisbonne – Lisbona – Lisboa – Lisbon

3
100%
questions

Livre de l'élève
pages 28 et 29

Remettez les phrases dans l'ordre.

1. n' / non, / Angers / je / habite / pas / à / .

2. bien / le / aime / j' / français / si, / !

3. pas / Anke / non, / ne / travaille / Berlin / à / .

4. Luigi / ans / 28 / a / a / pas / n' / ans, / il / 26 / .

5. enfants / j' / si, / suis / et / je / marié / deux / ai / .

6. vacances / aime / Vincent / n' / pluie / pas / la / mais / il / adore / les / !

Remettez ce dialogue dans l'ordre.

1. Moi, ça va bien. Excuse-moi mais, tu n'es pas française, si ?

2. Théo. J'ai 21 ans et j'apprends l'espagnol.

3. Salut.

4. Bah oui, ça va. Et toi ?

5. Ça va bien ?

6. Julia. Et toi ?

7. Non, c'est vrai. Je suis italienne. J'ai un accent ?

8. Super, on va être ensemble !

9. Hé ! Bonjour !

10. Oui, mais c'est joli l'accent italien. Et… tu t'appelles comment ?

11. Moi aussi, j'apprends l'espagnol et le français à l'université.

(9) Hé ! Bonjour !

E x e r c i c e   3

Répondez personnellement à ces questions.
Exemple : - Vous aimez le travail ?
*   - Oui, j'aime bien le travail mais j'adore les vacances (et le soleil) !*

1. Vous aimez la musique ? ....
2. Vous n'aimez pas le théâtre ? ....
3. Le cinéma, vous aimez bien ? ....
4. Et le sport, vous n'aimez pas ? ....
5. Et les voyages ? ....
6. Vous aimez le français ? ....

E x e r c i c e   4

Complétez les phrases comme dans l'exemple.
Exemple : Tu es chinoise (japonaise). → Non, je ne suis pas chinoise, je suis japonaise.

1. Vous êtes violoniste ? (pianiste)
....
2. Il s'appelle Bob ? (Jim)
....
3. Ta famille habite à Rabat ? (Casablanca)
....
4. Tu as 30 ans ? (29 ans)
....
5. Vous aimez le rugby ? (football)
....
6. Tu es marié(e) ? (célibataire)
....

E x e r c i c e   5

Écrivez une phrase sous chaque dessin.
Exemple : Il fait du football.

la guitare – le piano – le violon – le violoncelle

le basket-ball – la danse – la natation – le rugby

Outils — Exprimer la possession

Livre de l'élève
pages 30 et 31

Exercice 6

Récrivez les phrases avec l'élément qui convient.
Exemple : Quelle est ta (adresse / nationalité) ? → Quelle est ta nationalité ?

1. Jim, tu as son (numéro de téléphone / date de naissance) ? _____ ?
2. Et toi, quel est ton (âge / nationalité) ? _____ ?
3. Moi, j'adore ma (chien / famille) ! _____ !
4. Ses (enfants / enfant) sont à l'école. _____ .
5. Mon (copine / amie) Éva habite à Arras. _____ .
6. Il est sympa son (voisin / mère) ? _____ ?

Exercice 7

Complétez avec *c'est* **ou** *il est.*

1. _____ mon ami Luigi. _____ italien et _____ étudiant en français.
2. _____ un informaticien de 30 ans et _____ l'ami de Ludivine.
3. _____ colombien. _____ né à Bogota et il habite à Cali.
4. _____ Markus. _____ mon ami de Berlin. _____ professeur à l'université Humboldt.
5. _____ ton ami ? Oui. _____ Patrick. _____ marié avec Marie.

Exercice 8

Choisissez l'adjectif qui convient et complétez ces minidialogues.

1. - Quelle est _____ nationalité, Katja ? **votre / son / ton**
   - Allemande. Je suis né en Allemagne et j'habite en Autriche depuis 10 ans.

2. - C'est qui là, sur la photo ?
   - C'est Sylvie Manry, c'est _____ amie de Brest. **ma / mon / ton**

3. - _____ amis habitent à Nice ? **Vos / Votre / Ton**
   - Non, ils habitent dans un petit village à 20 kilomètres de Nice.

4. - Ah ! Julie… Je l'aime bien ; j'adore _ _ _ _ _ beaux yeux noirs. **son / tes / ses**

   - Hum… pas mal, mais moi, je préfère les yeux bleus.

5. - Tu aimes bien _ _ _ _ _ ami Saïd ? **mon / ma / votre**

   - Ah, ouais ! Il est super sympa !

Exercice 9

Complétez avec le possessif qui convient.

1. - Vous avez _ _ _ _ _ passeport, s'il vous plaît ?

   - Euh… _ _ _ _ _ passeport ? Oui… Voilà !

2. - Et toi, quel est _ _ _ _ _ sport préféré ?

   - Moi, je fais du tennis et _ _ _ _ _ deux frères font du tennis de table.

3. - _ _ _ _ _ nationalité ? Française. Je suis française. Et toi ?

   - _ _ _ _ _ prénom est espagnol mais je suis italienne.

4. - Emma aime le cinéma et _ _ _ _ _ famille. Et toi ?

   - Moi, j'aime _ _ _ _ _ enfants, _ _ _ _ _ famille et aussi _ _ _ _ _ petit chien, *Duc*.

Les nombres

Exercice 10

Complétez la grille avec les nombres proposés.

3   11   6   30   110   20   65   62   ~~15~~   50   8   7000

Exercice 11

Transcrivez ces dates.

a) En chiffres

Mille cinq cent quinze : _____

Mille neuf cent trente-six : _____

Mille quatre cent quatre-vingt-douze : _____

Mille douze : _____

b) En lettres

1789 : _____

1945 : _____

1998 : _____

2001 : _____

Exercice 12

Retrouvez les heures données dans les dialogues.

1. ___ h ___

2. ___ h ___

3. ___ h ___

4. ___ h ___

5. ___ h ___

Outils — Exprimer ses goûts

Livre de l'élève
pages 32 et 33

Exercice 13

Écoutez cet enfant et classez les instruments de musique du moins (-) aimé au plus (+) aimé.

le violon – le violoncelle – le piano – la trompette – la guitare

_____ ‹ _____ ‹ _____ ‹ _____ ‹ _____

Exercice 14

Lisez ces phrases et cochez [☒] la réponse qui convient.

	déteste	aime bien	adore
1. Le rap, c'est vraiment bien !	☐	☐	☐
2. Les films italiens ? Ouais, j'aime bien…	☐	☐	☐
3. Beurk ! C'est pas bon !	☐	☐	☐
4. Pour moi, le jazz, c'est ex-tra-or-di-naire ! !	☐	☐	☐
5. Pas ce CD, il est nul !	☐	☐	☐
6. Si, j'aime la pizza. Pas de problème !	☐	☐	☐

Exercice 15

Écoutez et écrivez le prénom de chaque personnage sous le dessin correspondant. Ensuite, complétez les phrases.

1

C'est _____ .
Il aime _____

et il n'aime pas _____
_____ .

2

C'est _____ .
Elle aime _____

Elle n'aime pas _____
_____ .

3

C'est _____ .
Il aime _____

et il n'aime pas _____
_____ .

4

C'est _____ .
Elle aime _____

Elle n'aime pas _____
_____ .

phonétique

Le → l', me → m'...

Exercice 16

Associez un élément de chaque colonne pour former une phrase.

1. C'	a. appelles comment ?	**1.** _____
2. Quelle	b. est ton ami ?	**2.** _____
3. Elle n'	c. va pas à Paris aujourd'hui.	**3.** _____
4. J'	d. a quel âge, Maria ?	**4.** _____
5. Tu t'	e. appelle Emma.	**5.** _____
6. Elle s'	f. est votre nationalité ?	**6.** _____
7. Elle	g. habite à Bordeaux.	**7.** _____
8. Il ne	h. aime pas la pluie.	**8.** _____

Vous avez 1 nouveau message

Livre de l'élève
pages 34 et 35

Le pronom on / les verbes en -er

Exercice 17

Complétez les phrases avec *il, elle* ou *on*.

1. J'adore les vacances ! En juillet, ___ va au Portugal avec Pierre et Magali.

2. On aime beaucoup Vincent ; ___ est drôle !

3. On habite à Strasbourg et ___ a une jolie maison.

4. ___ est sympa, Flora ?

5. Allo Marie ? ___ mange ensemble ce soir ?

6. Non, Luigi n'a pas 28 ans, ___ a 26 ans !

Exercice 18

Classez les verbes proposés.

- aimes
- adore
- t'appelles
- travaille
- es
- travailles
- as
- déteste
- rencontre
- habite

	je / il, elle, on	tu
	-----	-----
	-----	-----
	-----	-----
	-----	-----
	-----	-----

Exercice 19

Associez un élément de chaque colonne pour construire des phrases.

1. J'   **a.** est mon amie de Lille.

2. Tu   **b.** est très sympa, ton copain Julien.

3. Léa   **c.** n'aime pas du tout le sport dans ma famille.

4. Je   **d.** n'aimes pas ton travail ?

5. Il   **e.** déteste la télévision.

6. On   **f.** habite à Metz, c'est en France.

1	2	3	4	5	6
---	---	---	---	---	---

Exercice 20

Complétez le tableau.

	je / j'	tu	il / elle / on
aimer	- - - -	- - - -	aime
avoir	- - - -	as	- - - -
habiter	habite	- - - -	- - - -
être	- - - -	- - - -	- - - -
s'appeler	- - - -	- - - -	s'appelle
faire	- - - -	fais	- - - -

La télévision

Livre de l'élève
pages 36 et 37

Exercice 21

Complétez les phrases avec les mots proposés.

1. France 2 est une _ _ _ _ _ de la télévision française.

2. On peut regarder des _ _ _ _ _ culturelles, des jeux…

3. On aime le cinéma, alors on regarde des _ _ _ _ _ .

4. Ce soir, je regarde le _ _ _ _ _ sur l'Himalaya.

5. Thalassa est le _ _ _ _ _ de la mer.

6. Moi, j'aime les chansons ; je regarde les émissions de _ _ _ _ _ .

films

magazine

chaîne

variétés

émissions

documentaire

4 Enquête

Livre de l'élève
pages 42 et 43

Exercice 1

Remettez ce dialogue dans l'ordre, puis contrôlez vos réponses avec l'enregistrement.

a. Après, vous allez prendre le métro et aller au 19 rue Parmentier.

b. Ce n'est pas important, qui je suis.

c. Oui, je peux. Vous allez aller au café de Flore, boulevard Saint-Germain et vous allez poser la question à la serveuse.

d. Vous allez me voir et nous allons parler. Alors, c'est d'accord ?

e. Bon, c'est vrai ? Vous pouvez me dire où est le coupable ?

f. Oui, c'est moi.

g. Écoutez bien… Je sais où est votre coupable.

h. Allo, inspecteur Renard ?

i. Ah bon ! Mais, vous êtes qui ?

j. Euh… Ben, d'accord…

k. Oui… mais après… ?

l. Et je vais faire quoi, rue Parmentier ?

h	--	--	--	--	--	--	--	--	--	--	--

Exercice 2

Écrivez des phrases pour dire à quel mois vous faites les actions proposées. Vous pouvez trouver d'autres idées.
Exemple : Je fête mon anniversaire en février.

- fêter votre anniversaire
- fêter Noël
- aller en vacances
- …

- faire du ski
- faire un cadeau à vos parents
- envoyer une carte à votre ami(e)
- …

Exercice 3

Complétez avec le pronom qui convient : *je, tu, il / elle / on, nous, vous, ils / elles.*

1. - Nous allons au cinéma, ce soir ?
- Oh ! Oui, bonne idée ! _____ va au cinéma
et après, au restaurant !

2. - Fanny va aller au concert avec vous ?
- Non, _____ ne peut pas, ses parents
ne sont pas d'accord.
- Ah ? _____ ne veulent pas ?

3. - Un petit café, Élise ?
- Non merci, _____ ne veux pas de café.

4. - _____ peux vous poser une question,
s'il vous plaît ?
- Oui, _____ pouvez…

5. - _____ vas où ?
- _____ vais à Bordeaux pour mon travail.

6. - Il y a du tennis à la télévision.
Vous aimez le tennis ? _____ regarde ?
- Euh… _____ n'aimons pas beaucoup
le tennis. _____ peut regarder un film ?

Exercice 4

**Complétez le tableau
avec les formes manquantes.**

	aller	pouvoir	vouloir
Pierre	_____	*peut*	_____
je	*vais*	_____	*veux*
ils	_____	_____	_____
tu	_____	*peux*	_____
nous	*allons*	_____	_____
on	_____	_____	*veut*
vous	*allez*	_____	_____

Outils

Demander à quelqu'un
de faire quelque chose

Livre de l'élève
pages 44 et 45

Exercice 5

Écoutez et parmi les propositions, cochez ce que dit chaque personne.

1. ☐ Tu veux bien écouter ?
☐ Tu vas bien écouter…
☐ Tu peux bien écouter.

2. ☐ Je vais répondre, s'il te plaît.
☐ Je voudrais répondre, s'il te plaît !
☐ Tu veux bien répondre, s'il te plaît ?

3. ☐ Vous voulez bien m'aider ?
☐ Vous allez m'aider, s'il vous plaît !
☐ Vous pourriez m'aider, s'il vous plaît ?

4. ☐ Allez au café Prune.
☐ Vous allez au café Prune.
☐ Vous allez aller au café Prune.

5. ☐ Vous pourriez épeler, s'il vous plaît ?
☐ Vous voulez épeler, s'il vous plaît ?
☐ Vous allez épeler, s'il vous plaît.

6. ☐ Répète bien ta question, s'il te plaît.
☐ Tu vas bien répéter ta question, s'il te plaît.
☐ Tu veux bien répéter ta question, s'il te plaît ?

Classez vos réponses de l'exercice 5.

	demande poliment	demande à quelqu'un de faire quelque chose
1		
2		
3		
4		
5		
6		

Associez une réplique de la colonne de gauche à la réplique qui convient dans la colonne de droite.

1. Nous avons faim !

2. Je vais à Paris la semaine prochaine.

3. Je ne peux pas faire l'exercice de français.

4. Où est le coupable ?

5. Mon nom ? Pellereau. Yann Pellereau.

6. Vous ne répondez pas ?

a. Va visiter le quartier du Marais !

b. Demandez à l'inspecteur Labille !

c. Épelez, s'il vous plaît !

d. Mais si ! Travaille !

e. Euh… S'il vous plaît, répétez votre question !

f. Mangez du chocolat !

1	2	3	4	5	6
---	---	---	---	---	---

Lisez les exemples et demandez à quelqu'un de faire quelque chose.

Exemple 1 : Demandez à votre professeur de répéter. → *Répétez, s'il vous plaît !*

Exemple 2 : Demandez à votre ami Christophe d'aller au Café des Sports. → *Va au Café des Sports !*

1. Demandez à votre amie Louise d'écouter ce CD.

--.

2. Demandez à votre professeur de français de regarder votre exercice.

--.

3. Demandez à vos copains de téléphoner à Marie.

--.

4. Demandez à votre chien de manger.

--.

5. Demandez à votre amie Elsa d'aider Céline.

--.

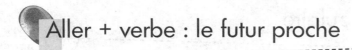

Aller + verbe : le futur proche

a) Mettez les éléments dans l'ordre pour reconstituer des phrases correctes.

1. ne / à / pas / l'école / vais / aller / je / .

---.

2. vous / message / m'envoyer / allez / un / ?

---.

3. une / promenade en bateau-mouche / Seine / la / va / sur / faire / on / .

---.

4. apprendre / l'université / elle / le français / va / à / .

---.

b) Avec les éléments donnés, construisez des phrases au futur proche.
Exemple : Je / avoir / un beau cadeau / pour mon anniversaire.
Je vais avoir un beau cadeau pour mon anniversaire.

1. Le train / arriver / à 18 h 40 / à Brest.

---.

2. Vous / pouvoir / téléphoner / à Flora ?

---.

3. On / ne pas aller / en France / en 2005.

---.

4. Ils / habiter / à Sydney / l'année prochaine.

---.

Cochez la réponse correspondant à chaque question.

1. Vous allez visiter Amsterdam ?
- ☑ Oui, j'ai visité Amsterdam.
- ☐ Non, je ne vais pas visiter Amsterdam.
- ☐ Oui, je vais visiter Bruges.

2. Tu vas faire de la natation l'année prochaine ?
- ☐ Oui, de la natation et du piano.
- ☐ Non, je fais du tennis.
- ☐ Oui, j'ai fait de la natation.

3. Nous allons dîner ensemble, ce soir ?
- ☐ Non, on ne va pas dîner ; on a beaucoup de travail.
- ☐ Oui, nous avons dîné ensemble.
- ☐ Oui, on a dîné ensemble.

4. Elle va étudier en Italie ?
- ☐ Oui, elle étudie à Rome.
- ☐ Oui, elle va étudier à Florence.
- ☐ Oui, elle a étudié à Naples.

Vocabulaire

Livre de l'élève
pages 46 et 47

Associez les questions et les réponses.

1. Tu veux du jus d'orange ?
2. On regarde le match de tennis ?
3. Bon, on va dormir ?
4. Louis a gagné 2 000 euros au loto.
5. Un petit sandwich ?
6. On va skier ?

a. Euh… Moi, je n'ai pas sommeil.
b. Il a vraiment de la chance !
c. Oh ! Oui merci, j'ai très soif !
d. Moi, non. J'ai froid…
e. Ah, non ! J'ai horreur du sport à la télévision !
f. Non, merci, je n'ai pas faim.

1	2	3	4	5	6
---	---	---	---	---	---

phonétique

La liaison

Exercice 12

Écoutez et marquez les liaisons.

Je m'appelle Elisa. Je suis espagnole et j'habite en Italie, à Milan. J'apprends l'italien et le français à l'université. J'ai des amis italiens, français et aussi marocains ou algériens. Mon université est très belle et le travail est intéressant.
J'adore l'Italie mais je suis heureuse quand je rentre en Espagne pour voir ma famille et mes amis. Dans la vie, j'aime le sport, le cinéma et les animaux. J'adore les enfants. Je déteste les émissions de variétés à la télévision et je n'aime pas du tout avoir froid…

Exercice 13

Écoutez et répétez.

1. ruse − russe
2. casse − case
3. sel − zèle
4. douze − douce
5. les sots − les eaux
6. les îles − les cils
7. ils sont − ils ont
8. ils aiment − ils s'aiment

Exercice 14

Vous entendez [s] dans le 1er ou dans le 2e mot ?
Cochez la case qui convient.

	1er mot	2e mot
1	☐	☐
2	☐	☐
3	☐	☐
4	☐	☐
5	☐	☐
6	☐	☐

Vous avez 1 nouveau message

Livre de l'élève
pages 48 et 49

Le, la, les – un, une, des / le pluriel des noms

Exercice 15

Retrouvez les mots dans la grille (→ ↑ ↓ ←).

bise	faim
envie	musée
librairie	quartier
coupable	boutique
chaud	réponse
froid	chance
restaurant	soif
café	carte

T	E	M	Q	E	C	N	A	H	C
Z	N	I	U	X	S	E	U	R	L
E	V	A	A	B	O	E	S	I	B
L	I	F	R	O	I	D	B	C	E
B	E	N	T	U	F	R	O	H	S
A	V	K	I	T	A	E	E	A	N
P	C	S	E	I	Z	T	E	U	O
U	A	Q	R	Q	J	R	S	D	P
O	F	I	S	U	O	A	U	E	E
C	E	M	U	E	A	C	M	Y	R

Exercice 16

Mettez l'article qui convient devant chaque mot proposé.

le, la, l', les			un, une, des		
___ musée	___ coupables	___ message	___ bise	___ boutique	___ magasin
___ quartier	___ répondeur		___ question	___ carte postale	
___ adresses	___ boulangère		___ réponses	___ nouvelles	

Exercice 17

Mettez les éléments soulignés au singulier ou au pluriel.
Exemple : Il y a <u>des euros</u> sur la table. ➔ *Il y a un euro sur la table.*

1. Boulevard Saint-Germain, il y a <u>des librairies.</u>

----

2. Il y a <u>une émission</u> de variétés ce soir à la télévision.

----

3. Il y a un <u>message</u> sur mon répondeur.

----

4. Dans ma classe, il y a <u>des Mexicains</u> et <u>des Colombiennes.</u>

----

5. Il y a <u>des cadeaux</u> pour toi.

----

6. Il y a <u>un château</u> en France.

Exercice 18

Écoutez Marco et dans le texte suivant, rajoutez les articles qui manquent.

C'est génial, Paris. J'adore _ Île Saint-Louis et ___ petits cafés du Marais. J'ai mangé dans __ restaurant chinois dans __ quartier de l'Hôtel de Ville et j'ai visité __ magnifique musée d'Orsay. J'ai photographié ___ bateaux-mouches sur __ Seine et demain, je vais voir ___ grands magasins sur ___ grands boulevards. Maintenant, je vais envoyer ___ carte postale à mes parents et ___ lettres à Flora et à mes amis.

Exercice 19

a) Mettez au pluriel les éléments soulignés.

1. Nous avons <u>une amie</u> au Chili. _____ .
2. Tu as <u>le numéro</u> de téléphone de Jeanne ? _____ .
3. Je joue au basket avec <u>l'amie</u> de François. _____ .
4. J'ai <u>un ticket</u> de métro dans ma poche. _____ .
5. Il y a <u>un cybercafé</u> dans ma rue. _____ .

b) Mettez les phrases au singulier.

1. Tu as <u>les adresses</u> de Mathieu et Ingrid ? _____ .
2. On va au cinéma avec <u>des amis</u>. _____ .
3. Bon, tu as <u>les billets</u> d'avion ? _____ .
4. Je vais photographier <u>les enfants</u> de Marie. _____ .
5. Tu as envoyé <u>des cartes postales</u> ? _____ .

Exercice 20

Mettez le verbe entre parenthèses au passé.
Exemple : Tu (habiter) ***as habité*** *à Paris ?*

1. Vous (visiter) _____ le musée Picasso de Madrid ?
2. Ce matin, j' (parler) _____ une heure avec mon voisin.
3. À Lyon, nous (manger) _____ dans un excellent restaurant.
4. Tu (penser) _____ à moi ?
5. On (écouter) _____ un bon concert de jazz mardi dernier.
6. Lucie (aimer) _____ ton cadeau ?
7. Nous (regarder) _____ vos photos du Viêtnam ; elles sont magnifiques.
8. Jean (téléphoner) _____ à Luce et Didier ?

Exercice 21

Écrivez un dialogue avec chacune de ces expressions.

1. C'est sûr !   **2.** Avoir de la chance.   **3.** C'est génial !

_____   _____   _____
_____   _____   _____

Les fêtes en France

Livre de l'élève
pages 50 et 51

Exercice 22

Regardez le calendrier, page 51 de votre livre, et complétez les phrases.

1. L'Épiphanie est en _ _ _ _ _ .

2. On fête les *Agathe* en _ _ _ _ _ .

3. Le printemps commence
au mois de _ _ _ _ _ .

4. La *Saint Pascal* est le 17 _ _ _ _ _ .

5. La fête de la Pentecôte est en _ _ _ _ _ .

6. Ah ! On est le 21 _ _ _ _ et c'est l'été !

7. Au mois de _ _ _ _ _ , c'est la fête nationale
française.

8. La fête de tous les *Bertrand* est en _ _ _ _ _ .
C'est aussi l'école qui recommence…

Exercice 23

a) En vous aidant des sons, amusez-vous à retrouver les proverbes français liés aux mois ou aux fêtes. Associez un élément de chaque colonne.

En mars quand il fait beau,

Juin bien fleuri,

En mai,

Pluie de juillet,

En avril,

À la Saint Séverin,

Juillet sans orage,

Un mois de janvier sans gelée,

• la neige est en chemin.

• eau en janvier.

• vrai paradis.

• famine au village.

• prends ton manteau.

• ne te découvre pas d'un fil.

• n'amène pas une bonne année.

• fais ce qu'il te plaît.

b) À quel proverbe correspond chacun des dessins ?

a.

_ _ _ _ _ _ _ _ _ _ _ _ _ _ _ _ _
_ _ _ _ _ _ _ _ _ _ _ _ _ _ _ _ _

b.

_ _ _ _ _ _ _ _ _ _ _ _ _ _ _ _ _
_ _ _ _ _ _ _ _ _ _ _ _ _ _ _ _ _

c.

_ _ _ _ _ _ _ _ _ _ _ _ _ _ _ _ _
_ _ _ _ _ _ _ _ _ _ _ _ _ _ _ _ _

d.

_ _ _ _ _ _ _ _ _ _ _ _ _ _ _ _ _

5

....

Invitations

Livre de l'élève
pages 52 et 53

Exercice 1

Écrivez *être* et *avoir* à la forme qui convient.

1. Je ne (être) _ _ _ _ _ pas français.

2. Vous (avoir) _ _ _ _ _ des questions ?

3. Marie (avoir) _ _ _ _ _ 17 ans.

4. Les enfants (être) _ _ _ _ _ à l'école, ce matin.

5. Nous (avoir) _ _ _ _ _ de la chance : il fait beau.

6. Vous (être) _ _ _ _ _ fatiguée ?

7. Tu (avoir) _ _ _ _ _ du jus de fruit ?

8. Elles (avoir) _ _ _ _ _ soif.

Exercice 2

Complétez les phrases avec *être* ou *avoir* à la forme qui convient.

1. Excusez-moi, vous _ _ _ _ _ français ?

2. Eh ! Marielle, il _ _ _ _ _ 10 heures !

3. Excuse-moi, tu _ _ _ _ _ un euro, s'il te plaît ?

4. Oh là là, nous _ _ _ _ _ fatigués !

5. Tu _ _ _ _ _ de la chance !

6. Elles _ _ _ _ _ étudiantes ?

7. Ils _ _ _ _ _ envie d'aller au restaurant *La Louisiane*.

Exercice 3

Rayez [~~rayez~~] le verbe qui ne convient pas.

1. - Tu [vas / viens] ? Il est huit heures !
   - Oui, j'arrive !

2. - Tu veux [aller / venir] ? Je [vais / viens]
   au supermarché.
   - Oh, bah oui ! Pourquoi pas !

3. - Ah bon, vous n'êtes pas français !
   - Non, non.
   - Mais vous parlez bien français.
   Vous [allez / venez] d'où ?

4. - Bon, alors, où est-ce qu'on [va / vient] ?
   - Chez Julien.

5. - Tu restes ici ce week-end ?
   - Non, je [vais / viens] à Orléans.

6. - Mon amie canadienne, Lisa, [va / vient]
   ici au mois de juillet.

Exercice 4

Écrivez les verbes entre parenthèses à la forme qui convient.

1. Demain, nous (aller) _ _ _ _ _ à Chenonceau, pour visiter le château. Vous (venir) _ _ _ _ _ avec nous ?

2. Oui, demain, je suis libre. À quelle heure tu (venir) _ _ _ _ _ ?

3. Les enfants (aller) _ _ _ _ _ à la piscine le mercredi et à la patinoire, le samedi.

4. Oui, ce sont des étrangers. Ils (venir) _ _ _ _ _ de Chine ou du Japon, je ne sais pas.

5. Où est-ce qu'ils (aller) _ _ _ _ _ en vacances ?

6. Amélie ne (venir) _ _ _ _ _ pas avec nous ?

7. Bon, alors, où est-ce que tu (aller) _ _ _ _ _ ?

Exercice 5

Complétez les phrases avec *aller* ou *venir*.

Exemples : Je _____ chez toi ? → Je vais chez toi ?   Tu _____ chez moi ? → Tu viens chez moi ?

1. - Tu fais quoi, ce week-end ?
   - Je _____ à Strasbourg. Tu veux _____ ?

2. - Non, Julien n'est pas là.
   - À quelle heure il _____ ?
   - À 10 heures.

3. - Vous êtes hongrois ? Vous _____ de quelle ville ?
   - De Vezprém.

4. - On _____ où ?
   - Dans un petit restaurant espagnol.

5. - Tu vas chez Sophie demain ?
   - Non, je ne peux pas : je _____ au théâtre avec Thomas.

6. - Bon, alors, tu _____ ? Il est huit heures !
   - Oui, une minute. J'arrive.

Exercice 6

Complétez les phrases avec *chez* ou *avec*.

1. - Tu vas à Rouen ? Je peux aller _____ toi ?
   - Euh… eh bien ! Marie vient _____ moi.
   Alors, tu comprends…

2. - Vous allez dormir à l'hôtel ?
   - Non, on va aller _____ des amis.

3. - Et le chien va à Tahiti _____ vous ?
   - Non. Le chien, il va rester ici, à la maison.

4. - Qu'est-ce qu'on fait samedi ?
   - Tu as oublié ? On va _____ Alexandra !
   Elle fait une fête pour son anniversaire.

Exercice 7

Remplacez les mots soulignés par *lui, elle, eux* ou *elles*.

1. - Bah, où est-ce que Julien va dormir ?
   - J'ai demandé à Monsieur et Madame Lebrun : il peut dormir chez <u>Monsieur et Madame Lebrun.</u>

2. - Je veux parler à votre fils.
   - Bon, eh bien, je vais venir avec <u>mon fils</u> demain matin.

3. - Tu vas à Dijon ? Tu vas voir Marie ?
   - Oui, je vais chez <u>Marie</u> vendredi matin.

4. - Tu vas voir Coralie et Élodie cette semaine ?
   - Oui, je vais travailler avec <u>Coralie et Élodie</u> mercredi matin.

5. - Où est-ce qu'on va retrouver Benoît ? Au cinéma ?
   - Non, on va chez <u>Benoît</u> !

Exercice 8

Associez les phrases de gauche aux phrases de droite.

1. Je vais voir *Le Pianiste* demain à huit heures.

2. Tu connais bien Marie ?

3. Louise, tu vas travailler avec Léa et Julie, d'accord ?

4. Tu sais que Marc veut te voir ?

5. Et on se retrouve où ?

6. M. et Mme Jolivet ont invité Catherine à dîner.

7. Je vais à Besançon jeudi.

a. Ah bon ! Et quand est-ce qu'elle va chez eux ?

b. Bah, chez moi ! À sept heures, d'accord ?

c. Est-ce que je peux aller au cinéma avec toi ?

d. Moi, aussi. Je prends ma voiture, viens avec moi !

e. Non, je ne veux pas être avec elles.

f. Oui, je sais, je vais chez lui demain.

g. Oui, mais je ne suis jamais allé chez elle.

1 - c   2 - ___   3 - ___   4 - ___   5 - ___   6 - ___   7 - ___

Écrivez une phrase avec chaque élément. Utilisez un verbe différent dans chaque phrase.
Exemple : chez moi → Tu veux venir chez moi ?

1. avec nous → _   **4.** chez vous → _ _ _ _ _ _ _ _ _ _ _ _ _ _ _ _ _ _ _

2. chez lui → _   **5.** avec moi → _ _ _ _ _ _ _ _ _ _ _ _ _ _ _ _ _ _ _

3. avec elles → _   **6.** chez toi → _ _ _ _ _ _ _ _ _ _ _ _ _ _ _ _ _ _ _

Outils — L'heure et la date

Livre de l'élève
pages 54 et 55

Exercice 10

Quelle heure est-il ? Écrivez l'heure en lettres.
Exemple : 9 h 25 = neuf heures vingt-cinq

7 h 45 = _
   ou = _

11 h 30 = _
    ou = _

12 h 15 = _
    ou = _

14 h 10 = _
    ou = _

18 h 20 = _
    ou = _

23 h 50 = _
    ou = _

Exercice 11

Quelle heure est-il ? Écrivez l'heure en chiffres.
Exemple : huit heures dix = 8 h 10

1. onze heures quarante = _ _ _ _ _   **3.** six heures moins le quart = _ _ _ _ _   **5.** minuit et demie = _ _ _ _ _

2. midi moins dix = _ _ _ _ _   **4.** vingt-deux heures quinze = _ _ _ _ _   **6.** quatorze heures = _ _ _ _ _

                                                      7. dix-sept heures vingt-sept = _ _ _ _ _

Exercice 12

Écoutez et écrivez l'heure (en lettres).

1. _ _ _ _ _ _ _ _ _ _ _ _ _ _ _ _ _ _ _   **3.** _ _ _ _ _ _ _ _ _ _ _ _ _ _ _ _ _ _   **6.** _ _ _ _ _ _ _ _ _ _ _ _ _ _ _ _ _ _ _

2. _ _ _ _ _ _ _ _ _ _ _ _ _ _ _ _ _ _ _   **4.** _ _ _ _ _ _ _ _ _ _ _ _ _ _ _ _ _ _   **7.** _ _ _ _ _ _ _ _ _ _ _ _ _ _ _ _ _ _ _

                                 5. _ _ _ _ _ _ _ _ _ _ _ _ _ _ _ _ _ _   **8.** _ _ _ _ _ _ _ _ _ _ _ _ _ _ _ _ _ _ _

Exercice 13

Écoutez et écrivez (en lettres) les heures que vous entendez.

1. - Le film commence à quelle heure ?
   - À _ .

2. - À quelle heure on part ?
   - À _ _ _ _ _ _ _ _ _ _ _ _ _ _ _ _ , d'accord ?

3. - Alors, tu peux venir ?
   - Non, à _ _ _ _ _ _ _ _ _ _ _ _ , j'ai un cours.

4. - On se retrouve à quelle heure ?
   - À _ _ _ _ _ _ _ _ _ _ _ _ , devant le théâtre ?

5. - Ton avion arrive à quelle heure ?
   - À _ .

6. - Excusez-moi, vous avez l'heure s'il vous plaît ?
   - Oui, bien sûr, il est... euh...
   _ .

7. - Tu finis ton travail à quelle heure ?
   - À _ _ _ _ _ _ _ _ _ _ _ _ _ _ _ _ _ _ .

Exercice 14

Regardez les pendules et écrivez l'heure (en lettres).

------   ------   ------   ------   ------

Exercice 15

Transformez les phrases comme dans l'exemple.
Exemple : [14 juin] Je vais à Lille. → Je vais à Lille le 14 juin.

1. [février] Je vais faire du ski.

2. [17 mai] Marina veut faire une fête chez elle.

3. [lundi] Vous pouvez venir ?

4. [10h15] Mon avion arrive à Osaka.

5. [samedi 4 août] Ils vont se marier.

6. [juin] J'ai des examens.

7. [dimanche] On va chez Caroline.

8. [18 octobre 2001] Ömür est arrivé en France.

Exercice 16

Écoutez et écrivez la date et l'heure (en chiffres).

1. Date : _____   Heure : _____

2. Heure : _____

3. Date : _____   Heure : _____

4. Date : _____   Heures : _____

5. Heure : _____

6. Date : _____

Exercice 17

A Il manque des informations sur le tableau des départs. Posez des questions à votre partenaire et écrivez ses réponses dans le tableau.

HEURE	VOL N°	DESTINATION	TERMINAL
15 H 15	KL 1240	---------	1
15 H 20	KE 835	SÉOUL	2C
15 H 40	AY 874	---------	2D
---------	AF 1798	HELSINKI	2D
15 H 55	AF 1110	---------	2F
---------	CA 950	CHANGHAI PU DONG	1
16 H 25	LH 5737	FRANKFORT	2E
16 H 50	IB 1245	MADRID	1
17 H 25	CO 10	---------	2C
---------	GN 648	LIBREVILLE	1
19 H 25	AF 1262	STOCKHOLM ARLAND	2F
19 H 35	NW 8350	AMSTERDAM	1
---------	SU 911	---------	1

B

HEURE	VOL N°	DESTINATION	TERMINAL
15 H 15	KL 1240	AMSTERDAM	1
---------	KE 835	---------	2C
15 H 40	AY 874	HELSINKI	2D
15 H 40	AF 1798	---------	2D
15 H 55	AF 1110	HAMBOURG	2F
16 H 05	CA 950	CHANGHAI PU DONG	1
---------	LH 5737	FRANKFORT	2E
---------	IB 1245	MADRID	1
---------	CO 10	MIAMI	2C
17 H 50	GN 648	---------	1
---------	AF 1262	STOCKHOLM ARLAND	2F
19 H 35	NW 8350	---------	1
20 H 10	SU 911	MOSCOU	1

 ## Prendre / Fixer un rendez-vous

Exercice 18

Écoutez le dialogue et complétez l'agenda de Victor Marchand.

MARDI 13 Semaine 10

7 heures ------------   14 heures ------------
8 heures ------------   15 heures ------------
9 heures ------------   16 heures ------------
10 heures ------------   17 heures ------------
11 heures ------------   18 heures ------------
12 heures ------------   19 heures ------------
13 heures ------------   20 heures ------------

Exercice 19

Madame Raynaud est malade. Elle téléphone à un médecin. Complétez le dialogue.

L'assistante : Cabinet du Docteur Loury. Bonjour.

Mme Raynaud : ---------------------- .

L'assistante : Oui, quel jour ?

Mme Raynaud : ---------------------- .

L'assistante : Demain, à 14 h 30 ?

Mme Raynaud : ---------------------- .

L'assistante : Ah, le matin ?

Mme Raynaud : ---------------------- .

L'assistante : Alors, à 10 h 30 ? Ça va ?

Mme Raynaud : ---------------------- .

L'assistante : Bon, alors, demain, mardi, à 10 h 30, vous êtes Madame ?

Mme Raynaud : ---------------------- .

L'assistante : Bien, c'est noté Madame Raynaud.

Mme Raynaud : ---------------------- .

L'assistante : Au revoir, Madame Raynaud.

E x e r c i c e   2 0

Vous avez cinq messages sur le répondeur de votre téléphone. Écoutez, puis complétez le tableau.

messages	numéros de téléphone	heures d'appel	informations
1			
2			
3			
4			
5			

 ## Poser une question

Livre de l'élève
pages 56 et 57

E x e r c i c e   2 1

Transformez les questions. Écrivez les questions avec *est-ce que.*
Exemple : Tu habites à Bordeaux ? → Est-ce que tu habites à Bordeaux ?

1. Il s'appelle comment ?

----

2. Nous arrivons à quelle heure ?

----

3. Mathilde est mariée ?

----

4. Tu veux venir chez moi ?

----

5. Où on peut aller ?

----

6. Tu vas à Lyon quand ?

----

7. On va manger où ?

E x e r c i c e   2 2

Transformez les questions. Écrivez les questions sans *est-ce que.*
Exemple : Est-ce que tu habites à Bordeaux ? → Tu habites à Bordeaux ?

1. À quelle heure est-ce qu'on arrive ?

----

2. Est-ce qu'il est français ?

----

3. Comment est-ce que vous vous appelez ?

----

4. Est-ce que Véronique est malade ?

----

5. Où est-ce qu'on se retrouve ?

----

6. Est-ce que tu connais Marco ?

----

7. Quand est-ce que tu vas voir Marielle ?

E x e r c i c e   2 3

Trouvez les questions.
*Exemple : - Il arrive quand ? **ou** Quand est-ce qu'il arrive ?*
- Mardi

1. - _____ ? ou _____ ?
- Non, il est italien.

2. - _____ ? ou _____ ?
- À l'école.

3. - _____ ? ou _____ ?
- Ce soir.

4. - _____ ? ou _____ ?
- On ferme à 19 heures.

5. - _____ ? ou _____ ?
- Non, elle ne veut pas venir.

6. - _____ ? ou _____ ?
- Non, trois.

Inviter : proposer – accepter / refuser

Isabelle téléphone à Alexandra. Utilisez les phrases suivantes pour écrire un dialogue.

- C'est d'accord ?
- Ça marche.

- Ça te dirait d'aller
  à la patinoire avec Léa ?

- Tu fais quoi samedi soir ?
- Tu veux venir chez moi ?

Exercice 25

Utilisez chacune des phrases dans un minidialogue.

1. Ça ne me dit rien.

----

2. Je t'invite !

----

3. C'est insupportable !

----

4. On se retrouve où ?

Exercice 26

Vous recevez un message d'un ami : *Au mois de juillet, pendant les vacances, j'aimerais venir chez toi.*
Vous écrivez un message à votre ami. Vous dites à votre ami qu'il ne peut pas venir chez vous au
mois de juillet et vous expliquez pourquoi.

Exercice 27

Vous avez reçu les deux invitations suivantes. Répondez à chaque invitation.
Acceptez une invitation, refusez l'autre invitation.

Association des Sports de la Loire
12, rue des Peupliers
58 000 Nevers

Chers amis,
C'est bientôt le mois de juin et la fin de la saison
pour notre société. Avant les vacances, nous organi-
sons, comme chaque année, un pique-nique avec les
membres et leur famille.
Le pique-nique aura lieu cette année le 17 juin, à 12
heures, dans le parc du Château Colbert.

Merci de nous répondre rapidement.

Cordialement,

Claude Rabine

Chers amis,

Le samedi 17, c'est l'anniversaire de Julie.
Je veux organiser une fête surprise chez moi,
à partir de 20 heures.
Je voudrais inviter tous les amis de Julie
et tous mes amis.
Vous venez ?

Merci de ne pas parler de cette fête avec Julie !

Bises,

Adrien

Vous avez 1 nouveau message

Livre de l'élève
pages 58 et 59

E x e r c i c e   2 8

Camille a envoyé un message à Sébastien pour l'inviter et Sébastien a répondu. Les phrases des deux messages ont été mélangées. Retrouvez les phrases de Camille et les phrases de Sébastien, et écrivez les deux messages.

Ah, oui, c'est une soirée déguisée et le thème est : Victor Hugo (tu peux venir en Quasimodo !).
Bises,
Bises,
Ça te dirait de venir ?
Camille
Cher Sébastien,
Chère Camille,
Est-ce qu'il y a un bus le soir ?
Est-ce que tu peux apporter quelque chose à manger et quelque chose à boire ?
J'espère que tu vas venir.

Je fais une petite fête le 14 avec Valérie, Audrey, François et les autres.
Je veux bien me déguiser en Quasimodo, si toi tu es Esmeralda !
La fête est chez François (ses parents ont une grande maison !) à partir de 20 heures.
Mais il habite où, François ?
Merci pour ton invitation pour le 14.
Pas de problème, je viens.
Sébastien
J'apporte un jus de pomme et un gâteau au chocolat, ça va ?

Cher Sébastien, _____

_____

_____

_____

Chère Camille, _____

_____

_____

_____

Penser / Espérer

E x e r c i c e   2 9

Imaginez une suite aux dialogues.

1. - Tu fais quoi ce week-end ?
   - Je pense que…

2. - Léa n'est pas venue à l'école ce matin ?
   - Ah, bon ! J'espère que…

3. - C'est un bon film, non ?
   - Je pense que…

4. - Julie va partir trois mois au Cameroun.
   - J'espère que…

Savoir / Connaître

E x e r c i c e   3 0

Complétez les phrases avec *connaître* ou *savoir*.

1. Tu _____ à quelle heure le train arrive ?

2. Vous _____ Madame Martineau ? Elle habite au cinquième.

3. Vous _____ que l'école est fermée demain ?

4. Ah, François, tu _____ ma femme, Béatrice…

5. Il ne _____ pas beaucoup le problème.

6. Dominique ne _____ pas utiliser un ordinateur.

7. Oui, mais Madame Lebrun ne va pas _____ l'heure de son arrivée.

Transformez les phrases comme dans les exemples.

Exemples : [Elle habite où ?] Je ne sais pas _____ ➜ Je ne sais pas où elle habite.
[Lucie est malade.] Tu sais _____ ? ➜ Tu sais que Lucie est malade ?

1. [Le téléphone ne marche pas.]
Tu sais _____ ?

2. [À quelle heure arrive le vol AF 425 de Montréal ?]
Vous savez _____ ?

3. [Le directeur n'est pas content.]
Il sait _____ .

4. [Il va dormir où ?]
Je ne sais pas _____ .

5. [Tu vas partir en Australie.]
Est-ce que ta mère sait _____ ?

6. [Comment elle s'appelle ?]
Vous savez _____ ?

7. [On va partir quand ?]
On ne sait pas _____ .

Écrivez les verbes entre parenthèses à la forme qui convient.

1. Non, je suis désolé, nous ne (savoir) _____ pas où il (être) _____ .

2. On (aller) _____ chez Julie. Vous (venir) _____ avec nous ?

3. Ils (connaître) _____ la Vendée : ils (avoir) _____ une petite maison près de Saint-Jean-de-Monts.

4. Elles (être) _____ quatre et elles ne (savoir) _____ pas où elles (pouvoir) _____ manger.

5. Nous ne (connaître) _____ pas beaucoup la France. Nous (être) _____ italiens.

phonétique

Les lettres finales

Écoutez les phrases et rayez les lettres finales qu'on ne prononce pas.
Exemple : Rayez les lettres finales qu'on ne prononce pas.

1. Tu sais qu'elles sont malades.

2. Il y a des œufs dans le frigo.

3. Tu vas venir avec nous, d'accord ?

4. Il ne sait pas quand ses amis vont partir à Bordeaux.

5. Monsieur Dupont apprend le chinois dans un institut.

Écoutez et cochez la case qui convient.

	1	2	3	4	5	6	7	8
[ʃ] *(chercher)*	☐	☐	☐	☐	☐	☐	☐	☐
[ʒ] *(jouer)*	☐	☐	☐	☐	☐	☐	☐	☐

Les sorties des Français

Exercice 35

A Vous avez ici le programme des spectacles mais il manque des informations. Posez des questions à votre partenaire et écrivez ses réponses dans le programme.

À L'AFFICHE...

MER 17	Théâtre	**La petite cuisine** - Théâtre Juin - _____
	Danse	**Ballet de Zagreb** - Centre de danse contemporaine - 20 h 30
JEU 18	Théâtre	**La petite cuisine** - Théâtre Juin - _____
	Jazz	**Quintette Tom Harrell** - _____ - 20 h 30
	Théâtre	**Je sais qu'elle m'aime** - Théâtre du Marais - 20 h 30
VEN 19	Enfants	**Oh là là, quelle histoire !** - _____ - 18 h 30
	Théâtre	**Je sais qu'elle m'aime** - Théâtre du Marais - 20 h 30
	Chanson	**Corine** - _____ - _____
SAM 20	Théâtre	**Minuit moins le quart** - Théâtre du Marais - 20 h 30
	Opéra	**Carmen** - Grand théâtre - 20 h 30
	Chanson	**Alexis HK** - _____ - 21 heures
	Rock	**Wampas** - _____ - _____

À L'AFFICHE...

MER 17	Théâtre	**La petite cuisine** - _____ - 19 h 30
	Danse	**Ballet de Zagreb** - Centre de danse contemporaine - 20 h 30
JEU 18	Théâtre	**La petite cuisine** - _____ - 19 h 30
	Jazz	**Quintette Tom Harrell** - Grand théâtre - 20 h 30
	Théâtre	**Je sais qu'elle m'aime** - Théâtre du Marais - _____
VEN 19	Enfants	**Oh là là, quelle histoire !** - Théâtre de la ville - _____
	Théâtre	**Je sais qu'elle m'aime** - _____
	Chanson	**Corine** - Le Chabada - 21 heures
SAM 20	Théâtre	**Minuit moins le quart** - Théâtre du marais - _____
	Opéra	**Carmen** - _____ - 20 h 30
	Chanson	**Alexis HK** - Le Chabada - _____
	Rock	**Wampas** - l'Okapi - 21 heures

B Vous avez ici le programme des spectacles mais il manque des informations. Posez des questions à votre partenaire et écrivez ses réponses dans le programme.

6

À table !

Livre de l'élève
pages 62 et 63

Exercice 1

Relisez le texte *Qu'est-ce que les Européens mangent ?*
et complétez le texte ci-dessous avec les mots proposés.
cuisine – amuse-gueules – steak-frites – en-cas – vin – pâtes – bars – frites – bière

Les Français adorent le _ _ _ _ _ , alors que les Italiens préfèrent les _ _ _ _ _ .
Les Espagnols mangent beaucoup d' _ _ _ _ _ dans les _ _ _ _ _ à tapas.
Les Allemands mangent souvent des _ _ _ _ _ dans la rue et les Belges se régalent avec les _ _ _ _ _ .
Les Français boivent beaucoup de _ _ _ _ _ alors que les Allemands préfèrent la _ _ _ _ _ .
Partout, on aime se régaler avec la _ _ _ _ _ étrangère.

Exercice 2

Dans chaque série de mots, trouvez l'intrus et rayez-le.
Exemple : cyclisme – ~~cinéma~~ – basket-ball – ski

1. salade – en-cas – cuisine – amuse-gueule
2. bar – friterie – restaurant – pâtes
3. frites – vin – bière – thé
4. pastilla – nems – steak-frites – riz cantonais

Exercice 3

Complétez le tableau.

	je / j'	tu	il / elle / on	nous	vous	ils / elles
apprendre	apprends	_ _ _ _ _	_ _ _ _ _	_ _ _ _ _	apprenez	_ _ _ _ _
manger	_ _ _ _ _	_ _ _ _ _	_ _ _ _ _	mangeons	_ _ _ _ _	mangent
choisir	_ _ _ _ _	choisis	_ _ _ _ _	_ _ _ _ _	_ _ _ _ _	_ _ _ _ _
entendre	_ _ _ _ _	_ _ _ _ _	entend	_ _ _ _ _	_ _ _ _ _	_ _ _ _ _
boire						boivent
comprendre	comprends	_ _ _ _ _	_ _ _ _ _	_ _ _ _ _		_ _ _ _ _
lire	_ _ _ _ _	lis		lisons		_ _ _ _ _

Exercice 4

Transformez les questions en utilisant *est-ce que*.
Exemple : Tu veux manger quoi ? → Qu'est-ce que tu veux manger ?

1. Vous partez quand à Londres ?

2. Tu vas comment, à la piscine ?

3. Il habite où, Louis ?

4. Bon, on fait quoi, ce soir ?

5. Tu pars à quelle heure, vendredi ?

6. Tu prends quoi, de la viande ou du poisson ?

7. Vous allez où en vacances ?

8. Elle a dit quoi, ta mère ?

Exercice 5

Posez des questions avec *qu'est-ce que.*

1. _____
J'aime le théâtre, la lecture et le sport. Et toi ?

2. _____
Je vais chez Ali avec Élodie. On va faire les
exercices de français ensemble.

3. _____
Euh… Un jus d'orange. Euh, non ! Un café !

4. _____
On va voir *Être et Avoir.* Je crois que c'est un beau film.

5. _____
Ah ! Moi, je déteste le froid et la pluie.

 Outils **Exprimer un avis**

Livre de l'élève
pages 64 et 65

Exercice 6

Écoutez ces critiques et dites si elles sont positives ou négatives.

Critiques positives :   Critiques négatives :
n°s _____   n°s _____

Exercice 7

Lisez ces répliques et exprimez un avis complètement différent.
Exemple : J'ai adoré le film d'hier soir ! → Moi, je trouve qu'il est nul ! J'ai détesté ce film !

1. À mon avis, c'est ennuyeux de passer
deux heures au restaurant.

_____

2. Moi, je déteste manger dans les bars !

_____

3. Ah ! Moi aussi, je trouve que le poisson
est délicieux !

_____

4. Je pense que ce n'est pas bon de boire
beaucoup de café.

_____

5. Comme c'est sympa de manger un en-cas
dans la rue !

_____

6. Je trouve que le vin est bon pour la santé.

_____

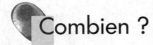 **Combien ?**

Exercice 8

Répondez aux questions. Faites des phrases.

1. Il y a combien de personnes dans votre classe ?

_____

2. Il y a combien d'enfants dans votre famille ?

_____

3. Dans votre ville, il y a combien d'habitants ?

_____

4. Cette année, il y a combien de jours ?

_____

5. En général, vous lisez combien de livres par mois ?

_____

Complétez les questions avec *combien* **ou** *combien de (d')*.

1. - Vous êtes _____ enfants dans ta famille ?
- Deux : mon frère Toufik et moi.

2. - Tu as _____ ?
- Pas beaucoup : 2,50 euros.

3. - _____ steak-frites est-ce que vous voulez ?
- Un pour moi et un poisson pour mon amie.

4. - Il gagne _____, ton père ?
- Je pense qu'il gagne 2 000 euros par mois.

5. - C'est _____ la bouteille de champagne ?
- 24,50 euros.

6. - Tu as _____ bouteilles de champagne ?
- J'en ai 12.

Écoutez et notez ci-dessous comment les personnes demandent le prix dans chaque situation.

Il / elle coûte (a coûté) combien ? : situation(s) n° _____
Le prix, s'il vous plaît ? : situation(s) n° _____
C'est combien ? : situation(s) n° _____

Ça fait combien ? : situation(s) n° _____
Il / elle fait combien ? : situation(s) n° _____
Ça coûte combien ? situation(s) n° _____

Complétez ces minidialogues.

1. - Alors, je vais prendre un kilo de pommes, deux kilos de bananes et aussi une belle salade.
_____ ?
- Alors, 3 et 5,60… plus 1,10.
_____ 9,70 euros, s'il vous plaît.

2. - _____,
la jolie lampe sur la table ?
- 18 euros. Il y a aussi la grande ici à 26 euros.

3. - _____, ça ?
- Euh… 20 euros, mademoiselle. Vous le prenez ?
- Oui !

4. - J'aime bien ce pantalon.
_____ ?
- Je vais vous dire ça…

5. - _____ ?
- Ce n'est pas cher : 10 euros !

Exprimer la quantité

Livre de l'élève pages 66 et 67

Complétez les phrases avec *le, la, l', les, du, de la* **ou** *de l'*.

1. Non, merci, je n'aime pas _____ vin.
2. Il y a _____ eau dans le frigo ?
3. À l'école, on a mangé _____ poisson.
4. Tu as fait _____ couscous ! J'adore _____ couscous !
5. Tu as aimé _____ pastilla, hier soir ? C'est bon, non ?

6. Prends _____ bière. Yves vient et il n'aime pas _____ vin, il boit toujours _____ bière.
7. Maria déteste _____ café, alors je dois penser à préparer _____ thé.
8. Vous voulez _____ eau minérale ou _____ jus de fruit ?

E x e r c i c e 1 3

Complétez les phrases en vous aidant des listes de mots.

le lait - le café - le thé - l'eau - le pain - le beurre - la confiture

Le matin, au petit déjeuner, je prends toujours de l'_____ pour commencer et après, je bois du _____ avec du _____ et je mange du _____ avec de la _____. Je n'aime pas le _____.

l'amour - la chance - l'amitié - le travail - l'argent

La belle vie, c'est quoi ? Du _____, de l'_____ et de belles vacances. Avoir de l'_____, c'est bien aussi !

la natation - le cyclisme - le judo - l'athlétisme - la gymnastique

J'aime beaucoup la _____ et le _____. Je fais de l'_____ et de la _____ et mon amie Luce fait du _____.

E x e r c i c e 1 4

Dans chaque phrase, rayez le (ou les) nom(s) que l'on ne peut pas utiliser.

Exemple : Je voudrais du (pain – eau – poisson).

1. Vous voulez boire de la (bière – café – eau) ?
2. Donnez-moi du (poisson – viande – frites), s'il vous plaît.
3. Pour de bonnes vacances, il faut de l' (air pur – amour – soleil).
4. Cette année, je fais du (piano – théâtre – informatique).

Beaucoup de café, un verre d'eau...

E x e r c i c e 1 5

Regardez le dessin, associez un élément de chaque colonne et écrivez ce que chaque dessin représente.

un morceau •   • eau
un verre •   • fromage
une tasse •   • café
un kilo •   • thé
un litre •   • oranges
un paquet •   • bière

1. _____   **4.** _____
2. _____   **5.** _____
3. _____   **6.** _____

Exercice 16

a) **Regardez bien le dessin et complétez la liste avec le nom des deux choses qui manquent.**

un verre de coca,
un litre de lait,
une part de gâteau,
un kilo d'abricots,
une bouteille d'eau,

_ _ _ _ _ ,

_ _ _ _ _ .

b) **Regardez bien le dessin et rayez, dans la liste ci-dessous, les deux objets en trop.**

un sachet de thé, une boîte d'allumettes, un paquet de café, une canette de jus d'orange, une tranche de jambon, une bouteille d'eau, un morceau de gâteau, un paquet de gâteaux secs, un verre de jus d'orange, une tasse de thé.

Exercice 17

Complétez les phrases avec *peu de (d')* ou *un peu de (d')*.

1. Il y a _ _ _ _ _ élèves dans la classe de Paul ; ils sont sept !

2. Mon café n'est pas bon, je vais mettre _ _ _ _ _ sucre.

3. J'ai _ _ _ _ _ livres en français. J'en ai deux.

4. Vous faites _ _ _ _ _ informatique à l'école ?

5. C'est un bon travail, il y a _ _ _ _ _ fautes.

6. Si tu veux, tu peux prendre _ _ _ _ _ jus de tomate, c'est excellent !

7. Vous voulez _ _ _ _ _ pain avec votre fromage ?

8. Ce soir, il y a _ _ _ _ _ émissions intéressantes à la télévision.

Exercice 18

Écoutez, puis rayez les mots qui ne correspondent pas à l'enregistrement.

1. Elle a (trop – peu – un peu) de travail.

2. Il y a (trop – un peu – assez) de sucre.

3. Ils ont (peu – beaucoup – un peu) d'argent sur eux.

4. Il aime (bien – beaucoup – peu) le jazz.

Pas de / en

Exercice 19

Répondez négativement à ces questions. *Exemples : - Tu aimes la bière ? ➔ Non, je n'aime pas la bière.*
- Tu veux de l'eau ? ➔ Non, je ne veux pas d'eau.

1. Ils prennent du café ?

_____

2. Tu as de l'argent ?

_____

3. Tu as lu le livre de Bernadette Chirac ?

_____

4. Une cigarette ?

_____

5. Elle a des enfants, ta sœur ?

_____

6. Tu connais le nouveau magasin, rue des Plantes ?

_____

7. Vous avez assez d'informations pour comprendre ?

_____

8. Ils ont vu des lions en Tanzanie ?

_____

E x e r c i c e   2 0

Imaginez des questions pour les réponses proposées.

Exemple : Il a de l'argent ?
        Oui, il en a beaucoup.

1. - _____ .
    - J'en voudrais un kilo.

2. - _____ .
    - Ah ! Non, je n'en ai pas. Désolé…

3. - _____ .
    - Je n'en bois pas ; j'ai horreur du vin !

4. - _____ .
    - Dans les crêpes ? Ah, oui ! Elle en met 200 grammes.

5. - _____ .
    Non merci, je n'en veux pas.

6. - _____ .
    - Oui, on en a deux.

E x e r c i c e   2 1

Modifiez ces questions en remplaçant l'élément souligné par le pronom qui convient.

Exemple : - *Vous voulez manger un petit en-cas ?*
        - *Non, non, je n'ai pas envie d'un en-cas.*
        ➔ - *Non, non, je n'en ai pas envie.*

1. - Tu connais le couscous ?
    - Je connais le nom, mais je n'ai jamais mangé de couscous.
    ➔ _____ .

2. - Est-ce que vous avez une proposition à nous faire ?
    - Non, désolé. Je n'ai pas de proposition.
    ➔ _____ .

3. - Vous faites du sport ?
    - Je n'ai pas le temps. Je ne fais pas beaucoup de sport.
    ➔ _____ .

4. - On boit de la bière dans votre pays ?
    - Non, on boit peu de bière ; on aime surtout le vin.
    ➔ _____ .

5. - Il a de l'argent, Antoine, pour acheter ce DVD ?
    - Non, il n'a pas assez d'argent mais il ne veut pas m'écouter !
    ➔ _____ .

6. - Est-ce que tu as des amis en France ou dans un pays francophone ?
    - Oui, j'ai deux amis en Belgique et une amie au Québec.
    ➔ _____ !

7. - Tu as une voiture ?
    - Non, je n'ai pas de voiture. J'ai un vélo !
    ➔ _____ .

E x e r c i c e   2 2

Choisissez la (ou les) réponse(s) qui convient (conviennent).

1. Vous buvez du café ?
   ☐ Oui, je le bois.
   ☐ Non, je n'en bois pas.
   ☐ Non, je ne le bois pas.

2. Tu as des vacances bientôt ?
   ☐ Non, je n'ai pas de vacances.
   ☐ Non, je ne les ai pas bientôt.
   ☐ Oui, j'en ai en juillet.

3. Tu as regardé le film hier soir ?
   ☐ Oui, j'en ai regardé.
   ☐ Non, je ne l'ai pas regardé.
   ☐ Non, je n'en ai pas regardé.

4. Il y a des restaurants à Villeperdue ?
   ☐ Non, il n'y en a pas.
   ☐ Non, je ne les connais pas.
   ☐ Il y en a deux.

5. Tu as beaucoup d'amis au Mexique ?
   ☐ Non, j'en ai trois.
   ☐ Oui, je les ai.
   ☐ Ah ! Oui, beaucoup !

6. Il y a combien de personnes dans cette école ?
   ☐ Il y en a beaucoup.
   ☐ Il y en a 352.
   ☐ Il y en a trop !

49

Les pronoms compléments directs

Récrivez les phrases avec les mots ci-dessous qui conviennent.

mon professeur - les enfants - Anne et Didier - Marie - mon ami - mon amie - Emma et Lucie - Madame Richard - Monsieur et Madame Lambert

Il la regarde.
Il regarde **Marie.**
Il regarde _____.
Il regarde _____.

Tu le connais ?
Tu connais _____.
Tu connais _____.

Monsieur Leroy les aime beaucoup.
Monsieur Leroy aime beaucoup _____.
Monsieur Leroy aime beaucoup _____.
Monsieur Leroy aime beaucoup _____.
Monsieur Leroy aime beaucoup _____.

Je l'adore
J'adore _____.
J'adore _____.
J'adore _____.
J'adore _____.
J'adore _____.

Remettez les éléments dans l'ordre pour obtenir des phrases correctes.

1. aimez / vous / pas / ne / l' / ?

2. les / as / regardées / tu / pas / ne / ?

3. est-ce que / chez / Marie et Patrick / ont / invité / t' / eux / ?

4. vous / écouté / est-ce que / l' / avez / ?

5. vous / pas / connaissez / la / ne / .

6. pas / a / vous / il / ne / regardé / .

Écoutez et retrouvez ci-dessous la réponse à chaque question.

a. Elles sont sur la table, je vais les regarder.
b. Oui ! Et lui, il me connaît depuis que j'ai 5 ans !
c. On l'a bu samedi avec Jean et Christine !
d. Mais non, je l'adore !

e. Je crois qu'ils ne nous entendent pas.
f. Attends, je vais le demander à la dame…
g. Je ne l'ai pas vu, j'ai lu.
h. Je vais vous voir la semaine prochaine.

1. ___   **2.** ___   **3.** ___   **4.** ___   **5.** ___   **6.** ___   **7.** ___   **8.** ___

Utilisez les verbes suivants pour écrire des minidialogues avec les pronoms *moi, me, toi, te, le, la, les, nous, vous, en.*

rencontrer

chercher

voir

acheter

attendre

phonétique

c ou ç ?

Exercice 27

Complétez ces mots avec c ou ç.

mer _ i	_ ent vingt	_ inéma	_ élibataire	_ yclisme	Fran _ e
fran _ ais	_ a va ?	informati _ ien	le _ on	_ inq	gar _ on

Exercice 28

Vous entendez [b] dans le 2e ou dans le 3e mot ? Cochez la case qui convient.

	1	2	3	4	5	6	7	8
2e mot	☐	☐	☐	☐	☐	☐	☐	☐
3e mot	☐	☐	☐	☐	☐	☐	☐	☐

Exercice 29

Écoutez et complétez avec p ou b.

1. un _ ot   **3.** un a _ ri   **5.** une _ oule   **7.** un im _ écile

2. dé _ ranche   **4.** attra _ e   **6.** em _ runte   **8.** dé _ loque

Au café...

Livre de l'élève pages 70 et 71

Exercice 30

Classez ces aliments dans le tableau.

couscous - pastis - steak-frites - tarte aux pommes - crème au chocolat - kir royal - charcuterie - œufs mayonnaise - pastilla - salade grecque - pâtisserie - salade de tomates - truite meunière - omelette nature - salade verte - porto

apéritifs	entrées	plats	desserts
- - - - -	- - - - -	- - - - -	- - - - -
- - - - -	- - - - -	- - - - -	- - - - -
- - - - -	- - - - -	- - - - -	- - - - -
	- - - - -	- - - - -	- - - - -

Exercice 31

Écoutez et retrouvez le repas de chaque personne.

repas de Louis	repas de Lucie
- - - - -	- - - - -
- - - - -	- - - - -
- - - - -	- - - - -

Exercice 32

Thierry et Aurélia déjeunent dans un petit restaurant. Imaginez un dialogue. Écrivez-le.

- -
- -
- -
- -
- -

repas de Thierry
assiette de charcuterie
plat du jour
assiette de fromages
café

repas d'Aurélia
salade de la mer
truite grillée
mousse au chocolat
thé au lait

eau minérale
pichet de vin rouge

7
Rallye

Exercice 1

Livre de l'élève
pages 76 et 77

Écrivez les verbes entre parenthèses au présent.

1. Non, je ne (savoir) _____ pas.

2. Les enfants (être) _____ dans le jardin.

3. Qu'est-ce que vous (boire) _____ ?

4. Elle ne (connaître) _____ pas Madame Bouvier.

5. Nous (prendre) _____ le train de 7 h 34.

6. Bon, alors, qu'est-ce qu'on (offrir) _____ à Corinne pour son anniversaire ?

7. Où est-ce qu'on (aller) _____ ?

8. Je ne (pouvoir) _____ pas venir demain.

Exercice 2

Écrivez une phrase avec chacun de ces mots.

1. vieux ➜ _____ .

2. ancien ➜ _____ .

3. moderne ➜ _____ .

Outils — La ville

Livre de l'élève
pages 78 et 79

Exercice 3

Associez un mot à une photo.

1. une rue

2. une rivière

3. un pont

4. une église

5. une maison

6. un immeuble

7. une rue piétonnière

8. un feu

a

b

c

d

e

f

g

h

1	2	3	4	5	6	7	8
a	---	---	---	---	---	---	---

Exercice 4

Retrouvez les mots de la ville. Répondez aux questions.
Exemple : Où est-ce qu'on peut manger ? → Dans un restaurant.

1. Où est-ce qu'on peut dormir ?

2. Où est-ce qu'on prend le train ?

3. Où est-ce qu'on peut avoir de l'argent ?

4. Où est-ce qu'il y a des appartements ?

5. Je suis très malade, où est-ce que je vais ?

6. Où est-ce qu'on peut voir un film ?

7. Où est-ce qu'on peut acheter du pain ?

8. Où est-ce qu'on peut acheter des médicaments ?

Se situer, s'orienter

Exercice 5 — À la banque, au cinéma…

Complétez les phrases.
Exemple : Je dois aller (à) _ _ _ _ _ banque. → Je dois aller à la banque.

1. Est-ce qu'on peut aller (à) _ _ _ _ _ cinéma demain ?

2. Julie va bien maintenant. Elle va sortir (de) _ _ _ _ _ hôpital vendredi.

3. Bon, je te retrouve (à) _ _ _ _ _ hôtel à 17 h 30.

4. Oui, une petite minute, je vais (à) _ _ _ _ _ toilettes et j'arrive.

5. Il rentre (de) _ _ _ _ _ bureau à dix-huit heures.

6. Je préfère étudier (à) _ _ _ _ _ bibliothèque.

7. On va manger (à) _ _ _ _ _ musée : il y a un petit restaurant.

Exercice 6 — À côté, en face…

Lisez les phrases et complétez le plan avec le nom des magasins ou bâtiments.

- La pharmacie est au coin de l'avenue Pasteur et de la rue Chevreul.
- La banque est entre la pharmacie et le restaurant.
- L'hôpital est au bout de l'avenue Pasteur.
- La boulangerie est en face de la banque.
- L'épicerie est à côté de la boulangerie.

A Le nom de certains magasins ou bâtiments n'est pas indiqué sur le plan. Posez des questions à votre partenaire et complétez le plan

A = _____

B = _____

C = _____

D = _____

E = _____

F = _____

G = _____

H = _____

A

A   Église St Jean   B C   Musée des Bx Arts

Boulevard Haussman

Office de Tourisme

Théâtre

Jardin du Mail

D
E
Rue Esbaillard

F

Bar Restaurant L'Entracte

H

Restaurant Bacchus

Rue Buridan

Hôtel du Mail

Rue du Mail

G   Bar du Centre

B Le nom de certains magasins ou bâtiments n'est pas indiqué sur le plan. Posez des questions à votre partenaire et complétez le plan

1 = _____

2 = _____

3 = _____

4 = _____

5 = _____

6 = _____

7 = _____

8 = _____

B

Rue du Mail

Boulangerie

4

3

5

Rue Buridan

Poste

Pharmacie

Rue Esbaillard

Jardin du Mail

6

7

Banque

8

Magasin de Chaussures

Boulevard Haussman

Librairie

Agence de Voyage

2

1

Magasin de Vêtements

Regardez le dessin, écoutez l'enregistrement et écrivez à côté de chaque élément le numéro qui correspond.

- Entrée = n° ___
- Tour de la Garde = n° ___
- Île aux Cygnes = n° ___
- Café-Brasserie = n° ___
- Roses = n° ___
- Arbres à fleurs = n° ___
- Bambous = n° ___
- Fleurs d'automne = n° ___

Parc du Trézon

Le Trézon

8

7

6

4

5

3

2

1

Av. de Cuverville

Allée G. Bonnier

Bd Magenta

Pont des Arts

54

L'impératif

Livre de l'élève
pages 80 et 81

Exercice 9

Vous donnez des informations à une personne dans la rue. Écrivez les verbes entre parenthèses à l'impératif.

Exemple : (tourner) à droite. → ***Tournez** à droite.*

1. (traverser) _ _ _ _ _ la place Saint-Martin.

2. (aller) _ _ _ _ _ tout droit.

3. (continuer) _ _ _ _ _ jusqu'au boulevard Foch.

4. (prendre) _ _ _ _ _ la première rue à droite.

5. (passer) _ _ _ _ _ devant la mairie.

Exercice 10

Vous préparez un voyage avec des amis et vous leur donnez des informations. Écrivez les verbes entre parenthèses à l'impératif.

*Exemple : Louise : (acheter) **Achète** des bouteilles d'eau.*

1. Anne : (téléphoner) _ _ _ _ _ à l'agence de voyages.

2. Fabrice : (faire) _ _ _ _ _ une liste des informations utiles.

3. Valérie : (dire) _ _ _ _ _ à François de venir chez moi demain.

4. Catherine : (prendre) _ _ _ _ _ ton appareil photo, mais pas ton camescope !

5. Guillaume : (aller) _ _ _ _ _ à la banque chercher de l'argent.

Exercice 11

Transformez les réponses comme dans l'exemple.

Exemple : - Je n'ai pas envie d'aller à la mer, cette année.
*   - Bon, bah, <u>on va aller</u> à la montagne !* → *Bon, bah, **allons** à la montagne !*

1. - Je ne sais pas où le bus s'arrête exactement !

  - Bon, bah, <u>on va demander</u> au chauffeur du bus.

2. - On fait quoi ? Le jardin ou le musée d'abord ?

  - Bon, <u>on va aller d'abord</u> au musée.

3. - Oh, non, on ne peut pas lui donner ça !

  - Oui, c'est vrai. <u>On va chercher</u> autre chose.

4. - Oh là là ! Béatrice n'est pas là ? On va être en retard !

  - <u>On va l'attendre</u> encore cinq minutes.

5. - Ah ! Qu'est-ce qui se passe ? L'ascenseur est arrêté !

  - <u>On va rester</u> calmes. Où est l'alarme ?

6. - Je ne sais pas où on est.

  - <u>On va demander</u> à quelqu'un.

7. - Et ton travail, ça va ?

  - Bon, <u>on va parler</u> d'autre chose, tu veux bien ?

8. - Oh, il commence à pleuvoir !

  - <u>On va rentrer</u> vite.

Exercice 12

Mettez les verbes entre parenthèses à l'impératif négatif.

Exemple : (tu / écrire) _ _ _ _ _ _ _ _ sur la table ! → ***N'écris pas** sur la table !*

1. (tu / aller) _ _ _ _ _ _ _ _ _ à l'hôtel Pahali, il est trop cher !

2. (vous / téléphoner) _ _ _ _ _ _ _ _ _ _ _ _ _ le matin, le bureau est fermé !

3. (tu / écouter) _ _ _ _ _ _ _ _ _ _ , ce n'est pas vrai !

4. (vous / rester) _ _ _ _ _ _ _ _ _ _ là, on travaille !

5. (tu / mettre) _ _ _ _ _ _ _ _ _ ton doigt dans ton nez !

6. (tu / venir) _ _ _ _ _ _ _ _ _ _ _ _ _ _ _ avec Simon, viens seule.

7. (vous / faire) _ _ _ _ _ _ _ _ _ _ _ _ _ _ _ _ ça ! Vous êtes fou ! C'est dangereux !

8. (tu / prendre) _ _ _ _ _ _ _ _ _ _ _ _ _ _ _ _ ce livre, il n'est pas très bon !

Écrivez le verbe en italique à l'impératif.

1. Tu le *prends*, il est pour toi.

2. Tu la *donnes* à Sophie, elle va être contente.

3. Vous en *prenez* cinq kilos !

4. Tu l'*attends*, elle va arriver.

5. Tu le *lis*, c'est un très bon livre !

6. Vous le *faites* avant demain soir, s'il vous plaît !

7. Vous les *invitez* pour un petit dîner !

8. Tu en *achètes* cinq, s'il te plaît !

Écrivez les phrases à la forme négative.
Exemple : Donne-la au directeur ! ➔ *Ne la donne pas au directeur !*

1. Montrez-les à vos amis !

2. Laisse-moi seule !

3. Parles-en à ton directeur !

4. Écoutez-le !

5. Achètes-en pour Julien !

6. Prends-les !

7. Offre-la à Valérie !

8. Lis-la !

Écrivez le verbe en italique à l'impératif et remplacez les mots soulignés par un pronom : *le, l', la, les, en.*
Exemple : Vous mettez <u>la lettre</u> sur le bureau, s'il vous plaît. ➔ *Mettez-la sur le bureau, s'il vous plaît.*

1. Tu *achètes* <u>le pain</u> à la boulangerie, pas au supermarché, s'il te plaît !

2. Vous *lisez* <u>la lettre</u> et vous écrivez une réponse.

3. Tu *offres* <u>des fleurs</u> à Christelle. Elle adore les fleurs !

4. Vous *prenez* <u>deux bouteilles de jus de fruits</u>.

5. Tu *mets* <u>les oranges</u> sur la table.

6. Tu *ouvres* <u>ton cadeau</u> !

7. Vous *donnez* <u>les clés</u> à la personne de la réception.

8. Tu *ne proposes pas* <u>de chocolats</u> à Régine, elle est au régime !

Exercice 16

Écoutez et associez chaque phrase à un dessin.

phrase n°___

phrase n°___

phrase n°___

phrase n°___

phrase n°___

phrase n°___

phrase n°___

Exercice 17

Que disent ces dessins ? Utilisez l'impératif.

1. _____
2. _____
3. _____
4. _____
5. _____

Indiquer une direction

Exercice 18

Où est-ce que vous allez ? Regardez le plan, écoutez le document et choisissez le trajet qui convient.

☐ trajet 1
☐ trajet 2
☐ trajet 3

Votre ami est arrivé à la gare. Regardez le plan et indiquez-lui le chemin pour aller jusque chez vous, rue Jourdan (utilisez l'impératif).

Lisez ce document touristique. Tracez sur le plan le chemin de la visite et placez les numéros des monuments indiqués.

En sortant de l'office de tourisme, prenez la rue Toussaint à droite. Passez devant l'église Saint-Jean, du XVIIe siècle. Traversez le boulevard Saint-Michel puis prenez la première rue à droite, la rue Bréguet. À droite se trouve la maison Bleue (1), de style art-déco, un bel exemple de l'architecture du début du XXe siècle.

Prenez ensuite la première rue à gauche, la rue de la Cloche, puis la première rue à droite, la rue Paul Chautard. Continuez dans cette rue jusqu'au bout. Avant d'arriver à la rivière, la Bresme, vous trouvez, à gauche, le jardin des Pénitentes (2). Au bout de la rue Paul Chautard, prenez à droite et continuez jusqu'au boulevard Saint-Michel. Traversez la Bresme par le pont de la République. Après le pont, prenez la deuxième rue à gauche. Vous arrivez à la petite place du Pilori (3), entourée de jolies maisons en bois, du XVe siècle. Au centre de cette place se trouve une sculpture d'Aristide Maillol, *l'Action enchaînée*, de 1905.

Prenez la rue à droite. Au bout de cette rue, vous trouvez le boulevard du Château que vous prenez à droite. Traversez le boulevard Saint-Michel. Juste à gauche après le boulevard Saint-Michel se trouve une petite église du XIIIe siècle, l'église Saint-Firmin (4). Continuez le boulevard du château. Vous arrivez à une grande place et vous avez sur votre droite le château, construit au XVe siècle. Passez devant le château et prenez à droite le boulevard de la République. À droite, vous passez devant le musée du Moyen Âge (5). En face du musée du Moyen Âge se trouve le théâtre municipal (6), construit en 1875.

Continuez tout droit sur le boulevard de la République, traversez de nouveau la Bresme. Juste après le pont, à droite, admirez la tour de la Chaîne (7), du IXe siècle. Continuez le boulevard de la République. Vous retrouvez la rue Toussaint que vous prenez à droite. Et vous arrivez à l'office de tourisme, fin de votre visite de la ville.

Vous avez 1 nouveau message

Plaire, faire plaisir

Exercice 21

Complétez les dialogues en utilisant *plaire* ou *faire plaisir*.

1. - Bonjour, Vincent.
- Corinne ! Toi ? Ici ? Ah, ça me _ _ _ _ _
de te voir !

2. - Je vais offrir ce livre à Marie.
- Tu penses qu'il va _ _ _ _ _ à Marie ?

3. - C'est vrai ? La mère de Stéphanie va en
vacances avec vous ?
- Oui. Et ça ne me _ _ _ _ _ pas beaucoup !

4. - Alors, tu aimes tes cours de français ?
- Oui, ils me _ _ _ _ _ beaucoup.

5. - Un billet, pour un match de foot, euh, merci,
mais…
- Ça ne te _ _ _ _ _ d'aller voir un match de
foot avec moi ?

6. - Alors, Nice, c'est bien ?
- Oh, oui, ça me _ _ _ _ _ beaucoup ! Il y a
la mer, et la montagne pas très loin.

Premier, deuxième…

Exercice 22

Écrivez les nombres en lettres.
Exemple : Le bureau de M. Leclerc est au 5ᵉ étage. → *cinquième*

1. Un billet pour Bordeaux. En 2ⁿᵈᵉ classe, s'il vous plaît. → _ _ _ _ _
2. Yannick travaille à Paris, dans le 6ᵉ arrondissement. → _ _ _ _ _
3. J'adore la 7ᵉ symphonie de Beethoven. → _ _ _ _ _
4. Et là, c'est Nicolas, leur 4ᵉ enfant. → _ _ _ _ _
5. Le château de Chambord a été construit au XVIᵉ siècle. → _ _ _ _ _
6. Allez au bureau 304, au 3ᵉ étage. → _ _ _ _ _
7. Vous êtes notre 100ᵉ client, vous avez gagné 100 euros ! → _ _ _ _ _

Exercice 23

Complétez les phrases avec l'élément entre parenthèses.
Exemple : Le bureau de M. Leclerc, c'est la (dernier) dernière *porte à gauche.*

1. La (premier) _ _ _ _ _ semaine du mois de mai va du lundi 1ᵉʳ au dimanche 7 mai.
2. Vous avez un examen à la fin du (premier) _ _ _ _ _ semestre.
3. Le (dernier) _ _ _ _ _ métro passe à 0 h 35.
4. Notre magasin va offrir 10 000 euros au (million) _ _ _ _ _ client.
5. Je vais vous envoyer un (deuxième) _ _ _ _ _ message.
6. Ce n'est pas la (premier) _ _ _ _ _ fois que vous venez en France ?
7. Les (dernier) _ _ _ _ _ photos sont très jolies.

Lisez les définitions et complétez la grille de mots croisés.

	1	2	3	4	5	6	7	8	9	10	11	12	13	14	15	16	17	18	19	20	21
I																					
II																					
III																					
IV							P	R	I	N	C	E									
V																O	B	É	I	R	
VI																					
VII																					
VIII																					
IX																					
X																					
XI																					
XII																					
XIII																					
XIV																					

HORIZONTALEMENT

I. Où on peut voir des films. Où on peut manger.
II. Connais.
III. À toi. Magasin de poissons.
IV. Fin d'aujourd'hui. Fils de roi.
V. Bâtiment pour les collections. Les femmes. Faire les choses demandées.
VI. Après sept.
VII. Petit boulevard. « Gouvernement » de la ville. Parties du corps.
VIII. Pas françaises.
IX. Où on trouve des livres. Ne pars pas.
XI. Pour l'anniversaire. Du pays. Café.
XIII. Où on trouve de l'argent. Savoir.
XIV. Prennent pour voir si c'est bien. Au milieu de deux choses.

VERTICALEMENT

1. Grande église. Début de l'alphabet.
2. À + le.
3. Ensemble de logements.
4. Être avec « tu ».
5. Boutique. Grande rue.
6. Avoir avec « je ». Être avec « tu ».
7. Magasin très grand.
9. Où on peut nager.
10. Au cinéma.
11. Magasin au coin de la rue. Nous.
12. Donne du goût aux repas. Il apprend à l'université.
14. Aimer. Petit repas.
16. Pour un homme.
17. Entendre. Exister.
18. Alcool. Au.
19. Espace de la maison très personnel.
20. Être avec « il ».
21. À côté. Ensemble de pays.

phonétique

Allez ou aller ?

Exercice 25

Complétez avec les éléments de la colonne de droite.

1. Il est _____, il t'attend. Il est _____ de l'église.   **près ; prêt**
2. Qu'est-ce que vous _____ ? Une _____ ?   **faites ; fête**
3. Vous _____, s'il vous plaît. L' _____ est à droite.   **entrée ; entrez**
4. Il est _____ en 1990. Il a mal au _____   **né ; nez**
5. Je vais _____ à Marseille et vous _____ venir avec moi.   **aller ; allez**
6. Elle _____ japonaise _____ son mari, coréen.   **est ; et**
7. Il ne _____ pas que _____ amis sont malades.   **sait ; ses**
8. Ne prends pas _____ chaussures ! _____ ton chapeau !   **mes ; mets**

Exercice 26

Écoutez et cochez la case qui convient.

	1	2	3	4	5	6	7	8
[b] (**b**anque)	☐	☐	☐	☐	☐	☐	☐	☐
[v] (**v**ille)	☐	☐	☐	☐	☐	☐	☐	☐

Les jeux des Français

Livre de l'élève
pages 84 et 85

Exercice 27

Écoutez et indiquez quel jeu les personnes aiment. Associez les éléments.

- la pétanque
1 • - la belote
2 • - le tarot
3 • - les jeux de société (Monopoly, Scrabble…)
4 • - les jeux vidéo
5 • - la pelote basque
- les quilles

8
Chez moi

Livre de l'élève
pages 86 et 87

Exercice 1

La maison : observez ces objets et écrivez dans quelle(s) pièce(s)
de la maison on peut les trouver (il peut y avoir plusieurs possibilités).

Exemple : Le lavabo est dans la salle de bains.

la douche

le lavabo
la salle de bains

la baignoire

l'évier

le lave-vaisselle

la chaîne Hi-Fi

le lave-linge

Exercice 2

Complétez les phrases avec *devoir* **à la forme qui convient.**

1. Pour traverser la rue, tu _ _ _ _ _ bien regarder à gauche, puis à droite.

2. Nous _ _ _ _ _ partir dans une heure et je _ _ _ _ _ vite finir les bagages…

3. Vous ne _ _ _ _ _ pas détacher votre ceinture de sécurité avant l'arrêt complet de l'avion.

4. Les étudiants _ _ _ _ _ travailler à la maison pour bien comprendre.

5. Léo _ _ _ _ _ téléphoner à Axelle pour l'inviter dimanche.

6. Tu n'as pas fini ? Qu'est-ce que tu _ _ _ _ _ faire, encore ?

Exercice 3

Complétez les minidialogues avec *pouvoir, vouloir* **ou** *devoir* **à la forme qui convient.**

1. - Salut ! Tu ne viens pas à ma fête d'anniversaire ? Je ne comprends pas pourquoi
   tu ne _ _ _ _ _ pas venir.

   - Je _ _ _ _ _ bien venir mais je ne _ _ _ _ _ pas, j'ai un match de basket et je _ _ _ _ _
   être à 14 heures au Palais des Sports. Je suis désolée.

2. Je _ _ _ _ _ bien vous aider mais je ne _ _ _ _ _ pas toujours répéter et expliquer les choses
   vingt fois ! Vous _ _ _ _ _ travailler un peu !

3. - Pour réserver vos vacances, vous _ _ _ _ _ téléphoner au 0800 610 610. Vous _ _ _ _ _
   aussi réserver par l'internet mais je n'ai pas l'adresse.

   - Vous _ _ _ _ _ me donner cette adresse demain ?

   - Oui, bien sûr. Je _ _ _ _ _ penser à chercher, c'est tout...

Exercice 4

Répondez aux questions comme dans l'exemple.
Exemple : - *Tu comprends quelque chose ?*
          - *Non, je ne comprends rien.*

1. Quelqu'un peut expliquer la règle ? Non, _____.
2. Il y a quelqu'un dans le magasin ? Non, _____.
3. Vous voulez quelque chose ? Non, _____.
4. Quelque chose est arrivé pour moi ? Non, _____.
5. Est-ce que tu as compris quelque chose en maths ? Non, _____.
6. Est-ce que vous avez envie de quelque chose ? Non, _____.
7. Est-ce que quelqu'un a le numéro de téléphone de Marta ? Non, _____.
8. Tu pars avec quelqu'un en Bretagne ? Non, _____.

Exercice 5

Complétez ces minidialogues avec *quelque chose, rien, quelqu'un, personne.* **Faites les ajouts nécessaires.**

Dans un magasin
- Je voudrais une information sur un CD.
- Ah ! Aujourd'hui, il n'y a _ _ _ _ _ mais attendez, je vais appeler _ _ _ _ _ !

À la maison
- Il y a _ _ _ _ _ à manger dans le réfrigérateur ?
- Non, _ _ _ _ _, je n'ai _ _ _ _ _ acheté ; j'ai eu trop de travail !

Deux amies au téléphone
- Alors, vous partez bientôt aux Antilles ?
- Oui, en général on ne fait _ _ _ _ _ en hiver mais cette année, on part en vacances.
- Et vous connaissez _ _ _ _ _ là-bas ?
- Non, _ _ _ _ _ mais on va certainement rencontrer des gens.

À l'université
- Je voudrais demander _ _ _ _ _ à Monsieur Bouvier. Je n'ai _ _ _ _ _ compris à ses explications sur le passé
  composé.
- Ah, oui ! Mais, il est 19 heures. Il n'y a _ _ _ _ _ dans les bureaux. Revenez demain !

Écrivez pour chaque dessin la couleur de l'élément qu'il représente.

1. _ _ _ _ _
2. _ _ _ _ _
3. _ _ _ _ _
4. _ _ _ _ _
5. _ _ _ _ _

a) Complétez.

Exemple : une voiture rouge / un vélo rouge

- un légume vert / une plante _ _ _ _ _
- un citron _ _ _ _ _ / une pomme jaune
- un mur _ _ _ _ _ / une maison blanche
- un pantalon bleu / une jupe _ _ _ _ _
- un bouton _ _ _ _ _ / une lampe orange
- un livre rose / une fiche _ _ _ _ _
- un café _ _ _ _ _ / une tasse noire
- un stylo violet / une fleur _ _ _ _ _
- un éléphant gris / une souris _ _ _ _ _
- un parapluie _ _ _ _ _ / une raquette marron

b) Complétez le tableau.

masculin	féminin
_ _ _ _ _	bleue
vert	_ _ _ _ _
jaune	_ _ _ _ _
_ _ _ _ _	rouge
_ _ _ _ _	orange
gris	_ _ _ _ _
noir	_ _ _ _ _
_ _ _ _ _	marron
rose	_ _ _ _ _
blanc	_ _ _ _ _
_ _ _ _ _	violette

Écoutez, puis associez une couleur à chaque mot.

- la nuit : _ _ _ _ _
- un examen : _ _ _ _ _
- la peur : _ _ _ _ _
- un poisson : _ _ _ _ _
- une souris : _ _ _ _ _
- une tomate : _ _ _ _ _
- des lunettes : _ _ _ _ _
- la mer : _ _ _ _ _

Donnez une autre couleur possible à tous ces éléments.
Exemple : du poivre blanc ➜ du poivre gris

- une tomate rouge
- un ciel gris
- des olives noires
- une souris blanche

- un citron vert
- des cheveux blonds
- des haricots blancs

Outils ## Exprimer la possession

Exercice 10

Complétez ce minidialogue avec des noms qui conviennent.

- J'aime bien l'appartement de Tom. Sa _ _ _ _ _ est très moderne et son _ _ _ _ _ est très grand. Et puis, c'est drôle, il y a un petit jardin dans son _ _ _ _ _ avec des plantes vertes magnifiques !
- Oui, il est beau. Nous, on voudrait aussi trouver un grand appartement parce que notre _ _ _ _ _ est trop petite avec nos trois _ _ _ _ _ , notre _ _ _ _ _ et nos _ _ _ _ _ !
- Tu as visité l'appartement des Leroux ? Ils veulent le vendre, ils partent habiter au Maroc. Jean-Louis doit habiter là-bas pour son _ _ _ _ _ et ils sont contents parce qu'ils ont leurs _ _ _ _ _ qui habitent à Marrakech.
- Ah, bon ? Tu as leur _ _ _ _ _ , je vais les appeler !

Exercice 11

Complétez.

1. J'aime beaucoup mon professeur.
_ _ _ _ _ amie Christine.
_ _ _ _ _ amis canadiens.
_ _ _ _ _ petite chienne *Vanille*.

2. Nous partons en vacances avec _ _ _ _ _ père
_ _ _ _ _ mère
_ _ _ _ _ chat
_ _ _ _ _ souris grises.

3. Ils regardent _ _ _ _ _ film préféré.
_ _ _ _ _ photos de vacances.
_ _ _ _ _ enfant.
_ _ _ _ _ enfants.

4. Je connais _ _ _ _ _ famille
_ _ _ _ _ appartement
_ _ _ _ _ goûts.
mais je ne connais pas son _ _ _ _ _
sa _ _ _ _ _
ses _ _ _ _ _

 ## Le passé composé

Exercice 12

Complétez les phrases avec *être* ou *avoir* à la forme qui convient. Faites les modifications nécessaires.

1. - Vous _ _ _ _ _ fini ?
- Moi, madame, je ne _ _ _ _ _ pas compris la différence entre *qui* et *que*.

2. - Mince, alors ! Je _ _ _ _ _ perdu le CD que Luc m'a prêté !
- Ah ! Tu le _ _ _ _ _ perdu ou tu le _ _ _ _ _ oublié à la fête de Marion ?
- Ah ! C'est vrai ! Je le _ _ _ _ _ porté hier soir chez Marion. Je pense qu'il est chez elle.

3. - Il _ _ _ _ _ parti, Jean-François ?
- Oui, je crois qu'il _ _ _ _ _ allé acheter le journal et qu'il va revenir.

4. - À quelle heure tu _ _ _ _ _ rentré hier soir ?
- Je ne sais pas, je ne _ _ _ _ _ pas regardé l'heure !

5. - Qu'est-ce que tu _ _ _ _ _ dit ?
- Rien. Je ne _ _ _ _ _ pas parlé !

a) Observez la liste des verbes à l'infinitif.

lire – avoir – boire – descendre – connaître – écrire – aller – pouvoir – être – entendre

b) Écoutez, puis associez un verbe à l'infinitif à chaque phrase. Donnez son participe passé.

Exemple : entendre   phrase 1 → entendu

lire	phrase _____		*écrire*	phrase _____
avoir	phrase _____		*aller*	phrase _____
boire	phrase _____		*pouvoir*	phrase _____
descendre	phrase _____		*être*	phrase _____
connaître	phrase _____			

Complétez ces phrases avec le participe passé du verbe entre parenthèses.

1. Tu as (apprendre) _____ les conjugaisons en français ?

2. Je n'ai pas (répondre) _____ au message de Bruno.

3. Marco est (aller) _____ à Paris le week-end dernier.

4. Elle a (avoir) _____ peur du gros chien.

5. Ils ont (finir) _____ leurs exercices ?

6. Vous avez (pouvoir) _____ acheter vos billets ?

7. Ce n'est pas sympa, vous n'avez pas (attendre) _____ Marie !

8. Il n'a rien (dire) _____ et il est (partir) _____ .

Mettez ces phrases à la forme négative.

1. Vous êtes allé à New York ?

_____ ?

2. J'ai dit non à Renaud.

_____ .

3. Tu as invité Christina ?

_____ ?

4. Mes amis du Panama sont arrivés à Paris dimanche.

_____ .

5. J'ai bien dormi cette nuit.

_____

6. Laure a appris l'espagnol à Malaga.

_____

7. Elle m'a regardé et elle m'a souri.

_____

8. Vous êtes tombé dans la rue ?

_____ ?

Mettez ces phrases au passé composé.

1. - J'écris à Lise.
   - Pourquoi ?
   - Parce qu'elle a 25 ans !

2. - Ils mangent au restaurant samedi ?
   - Oui, ils veulent essayer le *Trois soleils*.

3. - Il part à quelle heure, Pascal ?
   - Il ne part pas ; il reste à Paris pour travailler.

4. - Tu aimes ce film ?
   - Non, pas du tout. Je le déteste !

5. - Bon, tu choisis ?
   - Oui. Je prends une omelette-salade.

6. - Tu connais la famille Durand ?
   - Oui, mon père travaille avec Monsieur Durand et je suis à l'école avec Mélinda, sa fille.

Donner un ordre, un conseil / exprimer l'obligation / interdire

Livre de l'élève
pages 90 et 91

Exercice 17

Écoutez ces minidialogues, puis complétez avec les verbes à l'infinitif qui conviennent.

Exemple : _ _ _ _ _ *une carte postale* → **écrire** *une carte postale*

_ _ _ _ _ / _ _ _ _ _ le four, la télévision, la lumière…

_ _ _ _ _ l'ampoule

_ _ _ _ _ ses bagages

_ _ _ _ _ le bouton

_ _ _ _ _ / _ _ _ _ _ la poubelle

_ _ _ _ _ sur le bouton

Exercice 18

Mettez à la forme négative.

Exemple : Il faut travailler le dimanche ! → *Il ne faut pas travailler le dimanche !*

1. Vous devez prendre la première rue à droite.

2. Va voir ce film !

3. Il faut manger beaucoup de viande et boire beaucoup de vin rouge.

4. Ouvrez votre cadeau !

5. On doit écrire sur la fiche.

6. Écoute ce CD !

7. Il faut rêver dans la vie !

8. Il doit trouver le coupable.

Exercice 19

Écoutez et retrouvez qui peut prononcer ces phrases et dans quelles situations. Complétez la grille.

1. quelqu'un sur un répondeur téléphonique

2. une hôtesse dans un théâtre

3. un journaliste à la radio

4. une femme à une amie

5. un professeur dans la classe

6. un contrôleur dans un train

phrases	a	b	c	d	e	f
situations	---	---	---	---	---	---

Exercice 20

Récrivez d'une autre manière toutes les répliques suivantes.

Exemple : Tu dois téléphoner à Monsieur Ballet. → *Téléphone à Monsieur Ballet.*

1. Il ne faut pas parler en même temps que moi.

_ .

2. Il y a un accident sur l'autoroute A10. Vous devez prendre la nationale 10 à Orléans.

_ .

3. Ne gênez pas la fermeture des portes, s'il vous plaît.

_ .

4. Il faut 3 œufs et 300 grammes de farine, c'est simple !

_ !

5. Il ne faut pas fumer ici, c'est interdit.

6. Toutes nos lignes sont occupées, vous devez rappeler un peu plus tard.

_ .

Qui / que / où

Transformez les phrases avec *qui, que, où.*

*Exemple : Tu as vu **la lettre** ? **La lettre** est arrivée aujourd'hui.*

  *Tu as vu la lettre **qui** est arrivée aujourd'hui ?*

1. La bouteille de vin est pour Julien. La bouteille de vin est sur la table de la cuisine.

2. Sophie va prendre le train. Le train part à 9 heures.

3. Le pantalon est trop petit. Tu as acheté ce pantalon.

4. Les maisons sont très chères. Les maisons sont dans le centre ville.

5. L'hôtel est vraiment confortable. Nous sommes à l'hôtel.

6. Tu peux me donner le journal ? Le journal est devant toi.

7. Tu connais la ville ? Ils habitent dans la ville.

8. Il y a eu un accident à la piscine. Je vais à la piscine le samedi matin.

9. Le jeune homme était grand et mince. J'ai vu le jeune homme sortir de la banque.

10. Le château est vraiment très beau. On va visiter le château.

Complétez les minidialogues avec *qui, que, où.*

1. - Tu connais la fille blonde _____ est sur la photo ?

  - Où ? Ah ! Elle ? C'est la fille _____ joue au tennis avec Anthony le samedi matin et

   c'est elle _____ je vois dans le bus tous les soirs, mais je ne la connais pas.

2. - Je voudrais revoir cette petite ville _____ j'ai passé un beau week-end l'année dernière.

  - Pourquoi est-ce que tu n'y vas pas ?

  - Je n'ai pas de voiture et mes amis _____ ont une voiture n'ont pas le temps.

  - C'est qui ? Les amis _____ tu m'as présentés à la fête de Caro et _____ sont informaticiens

   tous les deux ?

3. - Passe-moi la bouteille de coca _____ est dans le frigo, s'il te plaît !

  - Euh… la bouteille _____ on a bue hier soir ?

  - Non, la bouteille _____ j'ai achetée ce matin !

  - Euh… il n'y a pas de coca, désolé…

Imaginez la suite.

1. Tu connais la dame qui _____ .

     que _____ .

2. C'est le professeur que _____ .

     qui _____ .

3. C'est le pays que _____ .

     où _____ .

     qui _____ .

Les pronoms compléments indirects

Exercice 24

Lisez ces phrases ; soulignez les pronoms compléments directs en vert et les pronoms compléments indirects en bleu.

1. Pardon, vous m'avez parlé ? Excusez-moi, je ne vous ai pas écouté.

2. Elle vous a écrit ou elle vous a téléphoné ?

3. Quand je l'ai vu, je lui ai parlé de ses problèmes de travail.

4. Christian me dit qu'il va venir me voir demain.

5. Il t'a expliqué pourquoi il n'a pas fait ses exercices ?

6. Les voisins m'ont aidé à porter mes bagages et je leur ai proposé de prendre l'apéritif.

7. Je leur ai prêté des CD mais ils ne m'ont pas dit merci.

8. Il ne nous connaît pas beaucoup mais je pense qu'il nous aime bien.

Exercice 25

Associez les questions aux réponses.

1. Didier est là, aujourd'hui ?

2. Tu as fait ta lettre pour Laura ?

3. Vous avez demandé à votre professeur ?

4. Ils t'ont parlé ?

5. Tu as le DVD de *La Guerre des Étoiles IV* ?

6. Elles ont compris l'exercice ?

a. Ils m'ont dit bonjour, c'est tout.

b. Je pense, je leur ai expliqué hier.

c. Oui, Anne me l'a prêté.

d. Je ne sais pas, je ne l'ai pas vu.

e. Non, on ne lui a pas posé la question.

f. Non, je ne vais pas lui écrire, je vais lui téléphoner.

1	2	3	4	5	6
---	---	---	---	---	---

Exercice 26

Répondez à ces questions, en remplaçant l'élément souligné par un pronom.

1. Vous connaissez <u>Jennifer Lopez</u> ?

----

2. Est-ce que vous écrivez beaucoup <u>à vos amis</u> ?

----

3. Vous envoyez des messages électroniques <u>à vos professeurs</u> ?

----

4. Est-ce que vous invitez <u>vos amis</u> chez vous pour votre anniversaire ?

----

5. Vous proposez des sorties <u>à votre meilleure amie</u> ?

----

6. Vous dites toujours « bonjour » <u>à votre professeur de français</u> ?

----

7. Vous avez parlé <u>au directeur de l'école</u>, aujourd'hui ?

----

8. Est-ce que vous aimez bien <u>les étudiants</u> de votre classe ?

----

phonétique

Comment prononcer « e » ?

a) Écoutez ces mots et classez-les dans le tableau, selon que vous entendez le son [ə] (regarde) ou [e] (numéro).

[ə] comme _regarde_	[e] comme _numéro_

b) Dans la colonne de droite, sélectionnez tous les mots qui n'ont pas d'accent sur le « e ». Puis, soulignez la (les) lettre(s) qui explique(nt) que le « e » n'a pas d'accent et se prononce [e]. _Exemple : déteste._

Exercice 28

a) Lisez ces mots que vous ne connaissez pas, puis vérifiez la prononciation avec l'enregistrement.

- destin
- reculer
- règle
- énerver

- selle
- descendre
- examiner
- repas

- remercier
- énergie
- étranger
- règne

- revendre
- échanger

b) Dans chacun des mots suivants, entourez la (les) lettre(s) qui explique(nt) que le « e » devant deux consonnes a un accent. _Exemple : zèbre_

- déchirer

- écrire

- règne

- déclin

- échauffer

- déclarer

- être

- église

Exercice 29

Écoutez les phrases et cochez la case qui convient.

	1	2	3	4	5	6	7	8
[œ] _(couleur)_	☐	☐	☐	☐	☐	☐	☐	☐
[o] _(radio)_	☐	☐	☐	☐	☐	☐	☐	☐

Tri sélectif et recyclage

Livre de l'élève
pages 94 et 95

Exercice 30

Lisez ces affirmations et associez une photo à chacune.

a. Les personnes qui collectent les déchets sont les éboueurs.

b. Une famille de quatre personnes produit en moyenne 1,5 tonne de déchets par an.

c. Avec les bouteilles en plastique, on fabrique beaucoup de vêtements.

d. On peut recycler le verre à l'infini.

e. Avec les déchets accumulés en un an par les Belges, on pourrait faire une file de camions de Bruxelles à Madrid.

VERRE

Phrase a : n° ___
Phrase b : n° ___
Phrase c : n° ___
Phrase d : n° ___
Phrase e : n° ___

9

....
Les vacances

Livre de l'élève
pages 96 et 97

Exercice 1

Écoutez, puis indiquez les informations demandées.

	Quelle destination ?	C'est où ?	Qu'est-ce qu'ils aiment ?	Dans quel autre lieu ils aimeraient aller ?
Anne	- - - - -	- - - - -	- - - - -	- - - - -
Jean-Louis	- - - - -	- - - - -	- - - - -	- - - - -
Sandrine	- - - - -	- - - - -	- - - - -	- - - - -

Exercice 2

Associez les questions aux réponses qui conviennent.

1. Tu en veux un peu ?

2. Ce sont tes bagages ?

3. Ingrid a choisi quelque chose ?

4. Vous savez aller à la gare ?

5. Encore un peu de couscous ?

6. Il fait combien, s'il vous plaît ?

a. Ben… Je ne connais pas cette ville…

b. Oui. Ces deux sacs sont à moi.

c. Oh ! Oui, je ne connais pas ce vin.

d. Tous ces CD sont à 12,50 euros.

e. Oui, elle a voulu cette lampe.

f. Oui ! Ces morceaux de viande sont tellement délicieux…

1	2	3	4	5	6
- - -	- - -	- - -	- - -	- - -	- - -

Exercice 3

Complétez avec *ce, cet, cette* ou *ces*.

1. Cette femme est polonaise. Elle s'appelle Dagmara.

2. C'est toi qui as écrit cette lettre ?

3. Très jolis, ces tapis iraniens !

4. Paul Constant ? Non, je ne connais pas cet homme.

5. Ce village du sud-ouest est très agréable.

6. Elle est où, cette université ?

7. Alors, ces vacances ? Tu as aimé la Bretagne ?

8. Nous n'avons pas eu cette information.

Exercice 4

Complétez les dialogues avec *ce, cet, cette* ou *ces*.

1. - C'est quoi ce CD sur la table ?

   - Ah ! C'est pour Romain. Il ne connaît pas Charles Mingus et je veux qu'il écoute cette musique.

2. - Vous remplissez ces papiers, s'il vous plaît. Ne mettez rien dans cette case, c'est pour les étrangers.

   - D'accord. Et ces lignes, je les remplis ?

3. - Berder ! Tu connais cette île ?

   - Oui. Tu penses que tu es la seule à connaître ce lieu ?

   - Euh… Non, mais tu vas souvent dans cette région ?

4. - C'est qui _ces_ gens sur la photo ?

- Des amis de mon père.

- Et _cet_ enfant ?

- C'est le fils de _cet_ homme et de _cette_ femme en bleu.

5. - Ton avion décolle à quelle heure ?

- 12 h 30. Mais je ne connais pas _cet_ aéroport et je préfère y arriver à 10 h 30.

- Bon ! Je vais prendre _cette_ route, c'est plus rapide.

Exercice 5

Mettez ces phrases au singulier.

Exemple : Ils sont adorables, ces petits chiens ! → Il est adorable, ce petit chien !

1. Ces enfants sont très grands.

2. J'aime beaucoup ces romans américains.

3. Comment tu connais ces adresses ?

4. Ces Italiens sont très drôles !

5. Est-ce que vous aimez ces exercices de vocabulaire ?

6. Il faut changer ces ordinateurs, ils sont trop vieux.

7. Qui sont ces étudiantes, là-bas, avec Marco ?

8. On adore ces tableaux de Picasso.

Exercice 6

Mettez l'adjectif à la place qui convient et faites les accords nécessaires.

Exemples : J'adore / les / vieux / livres.   On / a / vu / un / intéressant / film.
J'adore les vieux livres.   On a vu un film intéressant.

1. Qui / est / cette / joli / fille ?
Qui est cette jolie fille .

2. J' / ai invité / mes / canadien / amis.
J'ai invité mes amis Canadiens

3. Elle / va acheter / la / rouge / voiture.
Elle va acheter la voiture rouge

4. Il / est / à toi / ce / grand / parapluie ?
Il est à toi ce grand parapluie ?

5. France-Brésil, / quel / beau / match !
France-Brésil quel beau match

6. Hier soir, / on / a mangé / une / délicieux / pastilla / chez Moaïed.
Hier soir on a mangé une pastilla délicieuse chez Moaïed

7. Sa / fille / est / à / Jules Ferry ; / c'est / une / bon / école.
Sa fille est à Jules Ferry, c'est une bonne école

8. Je / crois / que / Montpellier / est / une / agréable / ville.
Je crois que Montpellier est une ville agréable

Exercice 7

Mettez l'adjectif à la place qui convient et ajoutez *des* ou *de* (d').

Exemple : En Espagne, il y a (belles) plages. → En Espagne, il y a de belles plages.

1. Mes voisins font (extraordinaires) voyages.
Mes voisins font des voyages extraordinaires

2. J'ai (bonnes) histoires à vous raconter…
J'ai de bonnes histoires à vous raconter

3. On a visité (baroques) églises et (beaux) musées.
On a visité des églises baroques et de beaux musées

4. Ils ont passé (incroyables) vacances, cette année.
Ils ont passé des vacances incroyables cette année

5. Regarde, ce sont (magnifiques) livres !
Regarde, ce sont des livres magnifiques

6. Il a (grandes) filles qui sont mariées.
Il a de grandes filles qui sont mariées

Exercice 8

Complétez.

1. La fille de votre tante est votre _cousine_ .

2. Le mari de votre sœur est votre _beau-frère_ .

3. La fille de votre grand-père est votre _mère_ .

4. Le mari de votre grand-mère est votre _grand père_ .

5. Les enfants de votre oncle sont vos _cousins_

6. Et qui est la femme de votre mari (ou le mari de votre femme) ? _C'est moi !_

Répondez.

Qui est la mère de ma mère et la mère de mon oncle ? _ _ _ _ _

Qui est le mari de ma sœur et le père de mon neveu ? _ _ _ _ _

Qui est la sœur de mon mari (ou de ma femme) et la femme de mon beau-frère ? _ _ _ _ _

 # Y, pronom complément

 Livre de l'élève
pages 98 et 99

Répondez personnellement à ces questions. Utilisez *y* dans vos réponses.

1. Vous habitez dans la ville où vous êtes né(e) ? _ _ _ J'y habite

2. Vous êtes allé(e) en France en 2003 ? _ _ _ _ ~~Oui je~~ j'y suis allé en 2003.

3. Vous êtes parti(e) en vacances l'été dernier ? Si oui, où ? _ _ _ J'y suis parti à France.

4. Vous êtes allé(e) faire du ski l'hiver dernier ? Si oui, où ? _ _ _ _ ~~Je suis aller y faire à Switzerl~~
J'y suis allé à S- Mart

5. Est-ce que vous allez aller chez votre meilleur(e) ami(e) cette semaine ? Si oui, quand ? Je vais y aller
~~Mardi~~.

6. Vous êtes déjà allé(e) dans un pays étranger ? Si oui, où ? _ _ _ _ _
J'y suis allé à France

Remplacez l'élément souligné par le pronom *y*.

Exemple : - *Vous pouvez répondre à ma question, s'il vous plaît ?*

        - *Mais, j'ai répondu <u>à votre question</u>.*

        ➔ *Mais, j'y ai répondu.*

1. - Tu es allé à Paris la semaine dernière ?

   - Oui, je suis allé <u>à Paris</u> jeudi et vendredi.

   - Oui j'y suis allé jeudi et vendredi.

2. - Vous allez encore à l'hôtel de la Plage, cette année ?

   - Non, on ne retourne pas <u>dans cet hôtel</u>, il n'est pas confortable.

   - Non on m'y retourne pas, il n'est pas confortable

3. - Tu penses à mon livre, s'il te plaît ?

   - Oui, je pense <u>à ton livre</u> ; je te l'apporte demain, ça va ?

   - Oui j'y pense ; je te l'apporte demain, ça va.

4. - On va voir *Spiderman* au cinéma. Tu viens avec nous ?

   - *Spiderman* ? Non merci, allez <u>au cinéma</u> sans moi !

   Non merci ~~y~~ allez y sans moi.

5. - Est-ce que Marc a accepté la proposition de Louis.

   - Non, je crois qu'il va réfléchir <u>à cette proposition</u>.

   - Non je crois qu'il va y réfléchir

6. - On se retrouve où, à 20 heures ? Au Néo Café ?

   - Euh… Je n'aime pas aller <u>au Néo Café</u>. On va au Danton ?

   ~~je m'y en~~
   je n'aime pas y aller. On va au Danton,

Exercice 12

Complétez avec *lui*, *leur* ou *y*. Faites les modifications nécessaires.

1. - Est-ce que vous avez écrit à nos amis de Nantes ?
- Oui, on *leur* a écrit dimanche.

2. - S'il te plaît, tu penses à mon CD pour demain ?
- Oui, je *y* pense, je l'ai mis dans mon sac.

3. - Tu es d'accord avec Anne ?
- Je suis fâchée avec Anne ; je ne *lui* réponds pas.

4. - Elle a parlé aux professeurs d'Antoine ?
- Oui, elle *leur* a expliqué la situation d'Antoine.

5. - Pierre a répondu à ton message électronique ?
- Bien sûr, il *y* a répondu hier soir.

Exercice 13

Remettez ces éléments dans le bon ordre pour construire des phrases correctes.

1. ne / pas / voir / peux / je / la / .
2. expliquer / que / lui / vas / est-ce / tu / ?
3. de / ont / elles / voulu / leur / n' / donner / leur / numéro / pas / téléphone / .

4. vous / en / un / pouvez / manger / .
5. ne / voiture / je / en / sais / pas / aller / y / .
6. je / y / déteste / dimanche / le / aller / .
7. tu / les / pourrais / aider / ?
8. dire / vous / pas / devez / leur / ne / .

Décrire un lieu

Livre de l'élève
pages 100 et 101

Exercice 14

Situer ces villes françaises. Vous pouvez utiliser la carte dans la couverture de votre livre.
Exemples : • *Nice est au sud de la France*
           • *Bourges est au centre de la France.*

• Dunkerque : *est au nord de la France.*
• La Rochelle : *est à l'ouest de la France.*
• Montpellier : *est au sud de la France*
• Lille : *est au nord de la France.*
• Marseille : *est au sud de la France.*
• Besançon : *est à l'est de la France*

Exercice 15

Écoutez ces informations sur la ville de Clermont-Ferrand, puis complétez le texte.

Le Puy-de-Dôme est un *volcan* de la *région* Auvergne. Clermont-Ferrand est une *ville* de 150 000 *habitants* environ. Elle est entourée de *montagnes* qui s'appellent le Massif Central. La société Michelin fabrique des pneus pour les *voitures*. On peut visiter *Vulcania* qui explique les volcans. Ce musée est à *onze km* de Clermont-Ferrand. Clermont-Ferrand est la *capitale* de l'Auvergne mais on peut aussi visiter de jolis *villages*. On peut faire beaucoup de sport en Auvergne et du *ski* en hiver.

A À l'office de tourisme...

Il manque des informations sur la ville. Posez des questions à votre partenaire et écrivez ses réponses dans le tableau.

> Ville : _____
>
> _____ : Charente-Maritime
>
> Région : _____
>
> Situation : _____, à 400 kilomètres de Paris.
>
> Nombre d'habitants : _____
>
> À visiter : _____, les ports.
>
> À faire : sports nautiques, _____, visite de l'Île de Ré.

B À l'office de tourisme...

Il manque des informations sur la ville. Posez des questions à votre partenaire et écrivez ses réponses dans le tableau.

> Ville : La Rochelle
>
> Département : _____
>
> _____ : Poitou-Charentes
>
> Situation : À l'ouest de la France, _____
>
> Nombre d'habitants : 71 000
>
> À visiter : la vieille ville, _____
>
> À faire : _____, festival de musique « Les Francofolies », _____

 À Paris, en Chine

Complétez avec à, en **ou** au.

1. - Vous venez d'où ?

- J'habite *au* Portugal, *à* Leiria.

- Et toi ?

- Je suis français mais je vis *en* Afrique. J'habite *à* Yaoundé, *au* Cameroun.

2. - Tu repars bientôt en voyage, Sylvie ?

- Oui, je retourne *en* Amérique du Sud. Je vais *en* Argentine, *au* Chili, *en* Colombie et *en* Équateur. Je pars trois semaines.

- Tu ne vas pas *au* Brésil ?

- Non, je suis allée *à* Rio et *à* Brasilia en janvier.

Exercice 18

Construisez huit phrases avec les éléments proposés.

Il vient		Niger.
Pauline est née	à	Algérie.
Il est	au	Guatemala.
Ils habitent	du	Chine.
Je voudrais aller	en	Angers.
Ils ne sont pas rentrés	d'	Espagne.
Elle va vivre	des	Pays-Bas.
Claudio travaille		Égypte.

1. _il vient en Espagne._
2. _Pauline est née en Egypte._
3. _Il est d'Algérie_
4. _Ils habitent aux Pays&Bas._
5. _Je voudrais aller en Chine._
6. _Ils ne sont pas rentrés du Guatemala._
7. _Elle va vivre à Angers._
8. _Claudio travaille au Niger._

Vous avez 1 nouveau message

Livre de l'élève
pages 102 et 103

Exercice 19

Complétez avec le verbe *voir* à la forme qui convient.

1. - Qu'est-ce que vous _voyez_ dans
   votre boule de cristal, Madame Anouchka ?
   - Je _vois_ un grand amour pour vous...
   et aussi un enfant qui joue...

2. - Tu es allé à Londres ! Et qu'est-ce que
   tu _vois_ ? _as vu_
   - J' _ai vu_ les différents quartiers, la « Tate Modern »,
   le « British Museum » et beaucoup d'autres choses.

3. - Regardons un peu cette carte de France.
   Alors, qu'est-ce que nous _voyons_.
   - Euh... On _voit_ des villes, des départements
   et des régions.

4. - Tu as des lunettes ? Tu ne _vois_ pas bien ?
   - Avec mes lunettes, si, je _vois_ bien !

5. - Qu'est-ce qu'on _voit_ de ta fenêtre ?
   - C'est super, on peut _voir_ la tour Eiffel et la
   tour Montparnasse !

Très, peu, tellement...

Exercice 20

Associez à chaque phrase de gauche une réplique de la colonne de droite.

1. Pourquoi tu n'invites pas Martine ?
2. Je voudrais ces baskets, elles sont si belles...
3. Tu aimes bien Ludovic ?
4. Elle est gentille, Katia.
5. Il est peu intéressant, ce film...
6. Pourquoi tu n'aimes pas ce livre ?
7. Elle est assez rapide, cette voiture, non ?
8. Son frère est un peu gros ?

a. Ah, oui ! Il est si adorable !
b. Elle est très sympa !
c. C'est vrai, il est même trop long et ennuyeux...
d. Bah... Non, mais il est assez petit.
e. Elle n'est pas très sympa.
f. Elle va même trop vite, c'est dangereux !
g. Oui, mais elles sont tellement chères...
h. Il est tellement mal écrit...

1	2	3	4	5	6	7	8
e	g	a	b	c	h	f	d

Parmi les deux propositions, choisissez le mot qui convient pour exprimer le contraire de la phrase.
Exemple : Il mange assez. ≠ (peu / trop) Il mange peu.

1. Ton copain Nordine est très sympa !
(assez / peu)
Ton copain est peu sympa !

2. Je pense que Nathalie parle trop.
(pas assez / un peu)
Elle parle un peu
Je pense que Nathalie ne parle pas assez

3. Vous devez dormir un peu !
(beaucoup / trop)
Vous devez dormir beaucoup !

4. Vous mangez trop vite !
(pas assez / un peu)
Vous ne mangez pas assez vite

5. Elle n'est pas assez grande.
(trop / si)
Elle est trop grande

Et vous, dites ce que vous faites…
- peu : _____
- un peu : _____
- assez : _____
- beaucoup : _____
- très : _____

Complétez ce dialogue avec *très, peu, un peu, assez, beaucoup, trop.*

Nancy : Vous avez _____ mangé ou vous voulez de la salade avec le fromage ? C'est facile, elle est prête.
Bruno : Ouh ! Non, merci. J'ai _____ aimé votre repas, Nancy, mais je ne peux plus. Je crois que j'ai _____ mangé !
Nancy : Oh… Vous avez _____ mangé : un peu de viande et quelques pommes de terre…
Jacques : Et aujourd'hui, on n'a pas bu _____ : une seule bouteille de vin à six. C'est _____, non ?
Bruno : C'est vrai, on a été _____ sages, aujourd'hui…

phonétique

Aigu, grave, ou circonflexe ?

Observez et complétez le tableau avec des mots que vous connaissez.

	⁄ : accent aigu	` : accent grave	^ : accent circonflexe
a		à,	
e	étudiant, café, cinéma	père, très	tête,
i			
o			
u			

Exercice 25

Écoutez et écrivez les mots dans le tableau.

accent aigu	accent grave	accent circonflexe
- - - - -	- - - - -	- - - - -
- - - - -	- - - - -	- - - -
- - - - -	- - - - -	- - - -

Exercice 26

Écoutez et accentuez ces mots.

1. je prefere – nous preferons   **3.** complete – completez   **5.** je repete – nous repetons

2. un poete – une poesie   **4.** metre – metro   **6.** esperer – il espere

Les vacances

Livre de l'élève
pages 104 et 105

Exercice 27

Choisissez un des deux sujets, et écrivez.

1) Relisez le texte de la chanson *Simone à la neige*. Simone écrit à ses parents pour leur raconter ses vacances à la neige. Elle leur dit qu'elle aime beaucoup ses vacances.

2) Regardez l'activité 25 de votre livre. Simone écrit à ses parents pour leur raconter ses vacances à la mer.

- -
- -
- -
- -

10
Au jour, le jour

Exercice 1

Livre de l'élève
pages 110 et 111

Expliquez ce que vous faites chaque saison. Écrivez deux phrases par saison.

Exemples : Je pars en vacances en été.
En été, je vais voir ma famille dans le sud de la France.

partir en vacances – faire du ski – voyager – nager – planter des fleurs dans le jardin
travailler beaucoup – ramasser des champignons – acheter des pull-overs…

hiver   **printemps**

été   **automne**

Exercice 2

Observez les dessins et répondez à la question en utilisant *parce que*.

- Pourquoi est-ce qu'il ne fait pas ses exercices ?
--- .

- Pourquoi est-ce qu'elle est contente ?
- ------------------------------- .

- Pourquoi est-ce qu'elle est en colère ?
- ------------------------------ .

- Pourquoi est-ce qu'il ne va pas travailler ?
- ------------------------------------- .

Exercice 3

Écoutez et associez chaque réplique à une question ci-dessous.

1. Pourquoi est-ce que tu apprends le français à l'université ?

2. Pourquoi est-ce que vous ne travaillez pas aujourd'hui ?

3. Pourquoi est-ce qu'il s'est levé à 6 heures du matin ?

4. Pourquoi est-ce que tu n'as pas répondu à sa lettre ?

5. Pourquoi est-ce qu'on part maintenant ?

6. Pourquoi est-ce que tu es triste ?

1	2	3	4	5	6
---	---	---	---	---	---

Exercice 4

Complétez ces phrases avec *parce que* ou *pour*.

1. Je fais du sport _____

2. Je pars en vacances à l'étranger _____

3. J'écoute beaucoup de musique _____

4. Je n'aime pas le théâtre _____

Exercice 5

A La matinée de M. Lainé…

Il vous manque des informations sur la matinée de Monsieur Lainé. Posez des questions à votre partenaire et retrouvez le déroulement des actions de Monsieur Lainé.

B La matinée de M. Lainé…

Il vous manque des informations sur la matinée de Monsieur Lainé. Posez des questions à votre partenaire et retrouvez le déroulement des actions de Monsieur Lainé.

Exercice 6

Racontez ce que vous faites le matin avant de quitter la maison.

- -

Outils Se lever, s'habiller…

Livre de l'élève
pages 112 et 113

Exercice 7

Écrivez les verbes entre parenthèses au présent.

1. À quelle heure tu (se lever) _ _ _ _ _ le matin ?   *te lèves*
2. Elle ne (se maquiller) _ _ _ _ _ pas tous les jours, seulement pour sortir le soir.
3. Vous (s'inquiéter) _ _ _ _ _ pour votre père ?
4. Tu (se coiffer) _ _ _ _ _ toujours très bien.
5. Je ne (s'arrêter) _ _ _ _ _ pas longtemps chez toi, je suis en retard !
6. Bon, on (se dépêcher) _ _ _ _ _ un peu ?
7. Nous adorons cette ville ; nous (s'amuser) _ _ _ _ _ toujours beaucoup ici.   *nous nous amusons*
8. Vous (se raser) _ _ _ _ _ deux fois par jour !

Mettez ces phrases à la forme négative.

a) 1. Asseyez-vous ici !
　 2. Habille-toi en blanc !
　 3. Arrêtez-vous devant l'église !
　 4. Couche-toi maintenant !
　 5. Levons-nous !

b) 1. On s'est réveillé très tôt.
　 2. Vous vous êtes coiffé, ce matin ?
　 3. Je me suis ennuyé hier soir.
　 4. Tu t'es lavé ?
　 5. Je me suis assis sur cette petite chaise.

Écoutez et trouvez ci-dessous un conseil correspondant à chaque réplique.

répliques

1. Ne te couche pas trop tard…　　　　　- - - - -
2. Reposez-vous un peu.　　　　　　　　- - - - -
3. Coiffe-toi et maquille-toi un peu et ça va aller.　- - - - -
4. Non, prends plutôt la première à droite.　- - - - -
5. Ne vous énervez pas, ça ne change rien…　- - - - -
6. Ne t'en fais pas, ça va marcher !　　　　- - - - -

Écrivez les verbes entre parenthèses à la forme qui convient.

Exemple :　J'ai des difficultés pour (se lever) le matin.
　　　　　　J'ai des difficultés pour me lever le matin.

1. Tu n'aimes pas du tout (s'habiller) _ _ _ _ _ en noir ?
2. J'ai horreur de (se lever tôt) _ _ _ _ _ !
3. Il a du mal à (se coucher) _ _ _ _ _ avant minuit.
4. Nous ne voulons pas (se dépêcher) _ _ _ _ _ ce matin.

5. Elle a onze ans et elle voudrait (se maquiller) _ _ _ _ _ !
6. Je suis fatigué et j'ai besoin de (se reposer) _ _ _ _ _ un peu.

D'abord, ensuite…

a) Regardez les dessins et remettez-les dans l'ordre.

b) Racontez la journée de Madame Chabut. Utilisez *d'abord, ensuite*, etc.

Les registres de langue

Livre de l'élève
pages 114 et 115

Exercice 12

Écoutez et associez chaque mot familier à un mot de la langue standard.

1. le mec	**a.** le travail
2. la bagnole	**b.** l'argent
3. la bouffe	**c.** la fille
4. le fric	**d.** la voiture
5. le boulot	**e.** l'homme, le garçon
6. la nana	**f.** le repas

1	2	3	4	5	6
e	d	f	b	a	c

Exercice 13

Amusez-vous à transformer ces phrases en français oral.

Exemple : Le professeur n'est pas là. → *Le prof est pas là.*

1. Tu as une voiture, toi ?

2. Il ne faut pas oublier le repas de ce soir.

3. Je ne peux pas venir, j'ai trop de travail.

4. Est-ce qu'il vous a donné de l'argent ?

5. Il y a un gentil garçon brésilien dans ma classe.

6. Vous n'êtes que deux filles pour faire la cuisine ?

Exercice 14

Transformez les phrases comme dans l'exemple.

Exemple : J'ai mangé seulement un en-cas pour le déjeuner.
*Je **n'**ai mangé **qu'**un en-cas pour le déjeuner.*

1. Il va me rester seulement 8 euros.

2. Il faut seulement trois heures pour aller de Paris à Marseille en TGV.

3. Ce n'est pas grave, on est seulement un peu en retard…

4. Pour demain, on a seulement l'exercice 2 sur le subjonctif.

5. Vous prenez seulement un sucre dans votre café ?

6. J'ai eu seulement une place pour le concert de Johnny Hallyday.

7. On va commander seulement un plat pour nous deux.

8. Cette année, ils ont eu seulement une semaine de vacances.

Exercice 15

Répondez aux questions en utilisant *ne… que*.

Exemple : - Qu'est-ce que tu prends ? Tu as faim ?
- Non, je ne vais prendre qu'une salade.

1. Jean a beaucoup de frères et sœurs ?

2. Il y a encore des étudiants dans la classe ?

3. Vous avez reçu beaucoup de cartes postales cet été ?

4. Est-ce qu'elle a obtenu beaucoup d'argent ?

5. J'aimerais qu'on discute un peu tous les deux ; vous avez un peu de temps ?

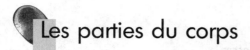

Les parties du corps

Exercice 16

Complétez les phrases avec le nom d'une partie du corps.

1. Je ne peux pas courir avec ces chaussures ; j'ai mal aux _ _ _ _ _ .

2. Lave-toi les _ _ _ _ _ avant de manger !

3. J'ai oublié mes lunettes, j'ai mal aux _ _ _ _ _ .

4. Mes cheveux sont trop courts, j'ai froid aux _ _ _ _ _ .

5. Ouvrez bien la _ _ _ _ _ pour parler français correctement.

6. Les enfants, pensez à vous brosser les _ _ _ _ _ avant de vous coucher.

Exercice 17

Dans chaque série, rayez le mot qui ne convient pas.

1. le ventre – les yeux – le nez – la bouche – les oreilles

2. le doigt – les pieds – la main – le bras – l'épaule

3. le bras – la jambe – la main – le pied – la joue

4. la tête – le nez – la jambe – la joue – la bouche

5. les dents – le pied – l'oreille – les cheveux – le nez

Vous avez 1 nouveau message

⬥ **Livre de l'élève
pages 116 et 117**

L'interrogation

Exercice 18

Trouvez une question correspondant à chaque réponse. Utilisez *quel(s)* ou *quelle(s)*.

1. - *Quels sports vous préférez* ?
- Mes sports préférés ? Le foot et le basket !

2. - *Qu'est-ce que c'est son Nationalité*
- Il est argentin.

3. - *Qu'est-ce que votre numéro* ? *de téléphone*
- C'est le 04 71 23 32 33.

4. - *Où habitez-vous* ?
- J'habite 13, rue des Plantes à Paris, dans le XIVe arrondissement.

5. - *Qu'est-ce que c'est les couleurs du drapeau japonais*
- Les couleurs du drapeau japonais ? Blanc et rouge.

Exercice 19

Écoutez, puis complétez.

Quel : n^{os} _ Quelle : n^{os} _

Quels : n^{os} _ _ _ _ _ _ _ _ _ _ _ _ _ _ _ _ _ _ _ Quelles : n^{os} _ _ _ _ _ _ _ _ _ _ _ _ _ _ _ _ _ _

Exercice 20

Écoutez et associez chaque dialogue à un dessin.

a. dialogue _ _ _　　　　　　**b.** dialogue _ _ _　　　　　　**c.** dialogue _ _ _

Exercice 21

Posez des questions avec les éléments donnés à la forme qui convient.

a) langue standard

1. - (vous / vouloir) _ _ _ _ _ _ _ _ partir maintenant ?
  - Non, on a encore un peu de temps.
2. - (tu / pouvoir) _ _ _ _ _ _ _ _ m'aider, s'il te plaît ?
  - Bien sûr. Qu'est-ce que je peux faire pour toi ?
3. - (ton frère / aller) _ _ _ _ _ _ _ _ à Paris cet été ?
  - Non, il ne peut pas. Il reste à Madrid.

b) langue soutenue

1. - (vous / aimer) _ _ _ _ _ _ _ _ les fruits ?
  - Oui, surtout les fraises !
2. - (tu / sortir) _ _ _ _ _ _ _ _ souvent, en semaine ?
  - Non, que le samedi soir. Je vais danser avec mes amis.
3. - (vous / connaître) _ _ _ _ _ _ _ _ Marie-Ange et Patrice ?
  - Non, qui est-ce ?

Exercice 22

Écrivez les deux autres formes possibles pour chaque question, puis soulignez la question soutenue.
Exemple : Tu habites ici ? **Est-ce que tu habites ici ?** <u>**Habites-tu ici ?**</u>

1. Avez-vous des frères et sœurs ?

2. Il a fait beaucoup d'efforts ?

3. Pourquoi est-ce que vous vous levez tôt le matin ?

4. Vous changez souvent d'appartement ?

5. À quelle heure est-ce que tu pars, vendredi ?

6. Connaissez-vous beaucoup d'étudiants étrangers ?

7. Il vit où, Pascal ?

8. Comment est-ce qu'on va aller à Turin ?

Exercice 23

Posez des questions (forme soutenue) correspondant à ces répliques.

1. - _ ?
  - J'ai 38 ans.
2. - _ ?
  - Je suis parti parce que j'ai eu envie de rentrer chez moi.
3. - _ ?
  - 10, rue de la Monnaie, c'est juste derrière le Palais des Sports.
4. - _ ?
  - Ça va, merci. Et toi ?

5. - _ ?
  - Oui, nous adorons la cuisine japonaise.
6. - _ ?
  - Elle part à 8 heures.
7. - _ ?
  - Il habite à Perpignan.
8. - _ ?
  - Il est 9 h 25.

Exercice 24

Remettez les éléments dans l'ordre pour construire des questions soutenues.
Exemple : il / où / - / est / parti / ? → Où est-il parti ?

1. levé / tu / quelle / - / à / heure / es / t' / ?

----

2. demain / allez / - / nous / soir / vous / venir / avec / ?

----

3. - / chez / habite / parents / t / - / il / ses / ?

----

4. si / t' / pourquoi / tard / - / tu / couché / es / ?

----

5. manger / vous / pour / vous / où / arrêtez / - / ?

----

6. t / dit / quand / ça / vous / a / - / - / il / ?

----

7. avez / lui / - / vous / quelque / demandé / chose / ?

----

8. nous / t' / - / tu / pour / inquiété / es / ?

----

phonétique

[ɛ] (comme dans *lait*) et [ɛ̃] (comme dans *vin*)

Exercice 25

Écoutez et complétez les mots avec le son [ɛ].

1. Je ne s__s pas où je v__s.
2. C__tte fille est vr__ment tr__s jolie !
3. Il parle franç__s ou angl__s ?

4. R__ste là, je v__s t'apporter du l__t.
5. J'__ envie de conn__tre ton fr__re.

Exercice 26

Écoutez et complétez les mots avec le son [ɛ̃].

1. On va manger, j'ai très f__ !
2. Dem__, c'est ___ possible, je suis désolée.
3. Vous voulez __ peu de v__ ou seulement de l'eau ?

4. Tu as __ chi__ ou __ chat ?
5. Tu vi__s l__di ?

Les Français et la lecture

Livre de l'élève pages 118 et 119

Exercice 27

Écoutez ces personnes, puis redonnez à chacune son opinion.

Louise •
Pierre •
Laurène •
Michel •
Lucie •

• ne lit que des BD.
• n'aime pas les livres.
• lit pendant les voyages.
• aime lire et ne voit pas les heures passer.
• apprend beaucoup de choses dans les livres.

Exercice 28

Écrivez un petit texte pour dire si vous aimez lire ou pas. Si oui, dites pourquoi et parlez des livres que vous aimez. Si non, expliquez pourquoi et dites ce que vous préférez faire.

11
Roman

Exercice 1

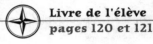
Livre de l'élève
pages 120 et 121

Écrivez les verbes entre parenthèses au passé composé.

1. Il (être) *a été* très malade et il (passer) *a passé* un mois à l'hôpital.
2. Les enfants (descendre) *ont descend* l'escalier quatre à quatre.
3. Lucie (monter) *est montée* dans l'arbre pour attraper le chat et elle (tomber) *est tombée*.
4. Non, ça ne va pas, elle (passer) *a passé* une très mauvaise journée.
5. On (sortir) *a sorti* la table et les chaises pour manger dans le jardin.
6. Quand est-ce que Valérie (passer) *est passée* chez toi ?
7. Vous (sortir) *êtes sortis* à quelle heure ?
8. Tous les enfants (descendre) *sont descendus* du train ?
9. Chéri, est-ce que tu (sortir) *as sorti* la poubelle ?
10. Pourquoi tu (descendre) *as descend* cette vieille boîte du grenier ?

Exercice 2

Associez un élément de gauche à un élément de droite.

1. Je suis sorti	• **a.** de l'arbre après une heure.	1 h
2. J'ai sorti	**b.** les pots de confiture à la cave.	2 e
3. Elle est passée	• **c.** à la tour Eiffel ?	3 d
4. Elle a passé	• **d.** à l'université, ce matin.	4 f
5. Il est descendu	• **e.** la pizza du frigo.	5 a
6. Il a descendu	• **f.** une heure dans le bureau du directeur.	6 b
7. Vous êtes monté	• **g.** les livres au cinquième étage ?	7 c
8. Vous avez monté	• **h.** du musée à six heures.	8 g

Exercice 3

Complétez les phrases avec *aller, venir, retourner, revenir, partir, quitter*.

1. Mon amie russe, Natacha, arrive en France le 14 mai. Elle _ _ _ _ _ à Moscou le 7 juin.

2. Cette année, on _ _ _ _ _ en vacances en Grèce. On _ _ _ _ _ le 10 juillet et on _ _ _ _ _ en France le 27 juillet.

3. Catherine veut _ _ _ _ _ Paris. Elle veut _ _ _ _ _ dans le sud de la France, dans une petite ville comme Aix-en-Provence ou Arles.

4. Mon amie canadienne, Esther, va _ _ _ _ _ ici au mois de décembre.

5. Isabelle connaît un peu les Philippines. Elle _ _ _ _ _ là-bas en 2002. Elle veut y _ _ _ _ _ l'année prochaine.

Exercice 4

Écrivez une phrase avec les verbes suivants.

1. aller ➔ _____

2. venir ➔ _____

3. retourner ➔ _____

4. revenir ➔ _____

5. partir ➔ _____

6. quitter ➔ _____

7. entrer ➔ _____

8. rentrer ➔ _____

Outils — Les indicateurs de temps

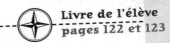

Livre de l'élève
pages 122 et 123

Exercice 5

Relisez l'histoire de Julie et François. Complétez les phrases suivantes avec les mots proposés.
Indiquez ensuite la date et l'heure.

le lendemain - tout de suite - un mois plus tard

Julie a quitté François.	Elle a trouvé un taxi _ _ _ _ _ .	Elle n'est pas allée travailler _ _ _ _ _ .	Elle a quitté Paris _ _ _ _ _ .
Date : le jeudi 7 mai Heure : à 15 heures	Date : le jeudi 7 mai Heure : _ _ _ _ _ .	Date : _ _ _ _ _ .	Date : _ _ _ _ _ .

Exercice 6

Lisez les phrases ci-dessous, puis complétez le texte avec *le lendemain, jusqu'à, pendant, un mois plus tard.*

- 5 avril : Yannick prend l'avion à Paris.
- 6 avril : il arrive à Mexico.
- du 7 avril au 14 avril : il visite le sud du Mexique.
- le 15 avril : il rencontre Marianne à Mérida.
- le 30 avril : il rentre en France.
- le 30 mai : Marianne arrive en France pour retrouver Yannick.

Yannick est allé au Mexique. Il a pris l'avion le 5 avril et il est arrivé à Mexico
_ _ _ _ _ Il a visité le sud du Mexique _ _ _ _ _ une semaine. _ _ _ _ _ son voyage dans
le sud, il a rencontré Marianne. Il est resté avec Marianne _ _ _ _ _ la fin de son
voyage. Le 30 avril, il est rentré en France et Marianne est venue en France
_ _ _ _ _ .

Lisez la lettre de Julie à Lisa et cochez la proposition équivalente à chaque expression.

Marseille, le 8 juillet

Ma chère Lisa,

Comment vas-tu ? François et moi, c'est fini. Je l'ai quitté, il y a deux mois. J'ai beaucoup aimé François, mais, il y a six mois, il a commencé à changer et la vie avec lui est devenue insupportable. Pendant des mois, j'ai cherché une solution. Et puis, je suis partie. J'ai été très triste, bien sûr, mais bon, c'est la vie !
Puis, j'ai décidé de quitter Paris. Et me voilà à Marseille ! Je suis ici depuis le 1er juin et je travaille depuis une semaine dans une agence de voyages. C'est super !

Bises,
Julie

- il y a 2 mois =
  ☐ le 8 mai.
  ☐ du 8 mai au 8 juillet.
  ☐ un jour entre le 8 mai et le 8 juillet.

- depuis une semaine =
  ☐ le 1er juillet.
  ☐ du 1er juillet au 8 juillet.
  ☐ un jour entre le 1er juillet et le 8 juillet.

Rayez le mot qui ne convient pas.

1. Vincent est tombé malade [jusqu'à / pendant] son voyage aux Antilles.
2. Elle est arrivée en France [il y a / pendant] un mois.
3. On a regardé la télévision [pendant / jusqu'à] minuit.
4. Elle va travailler au Gabon [depuis / pendant] trois mois.
5. Caroline ne dort pas très bien [depuis / pendant] son accident de voiture.
6. Le 20 mai ? Non, impossible, je vais être au Cameroun [jusqu'au / depuis le] 27 mai.
7. Les Français utilisent l'euro [depuis / il y a] le 1er janvier 2002.
8. Léonard de Vinci a peint La Joconde [pendant / il y a] 500 ans.
9. Louis XIV a été le roi de la France [pendant / depuis] 72 ans.
10. Le TGV existe [depuis / il y a] 1981.

Complétez la lettre avec des indicateurs de temps.

Chers parents,   Chamonix, le 10 février 2004

Voilà ! Je suis à Chamonix _ _ _ _ _ dimanche. Je suis très contente de pouvoir rester ici _ _ _ _ _ une semaine. Une semaine avec la neige et le soleil ! Ah, c'est bien !
Je fais du ski tous les jours _ _ _ _ _ 17 heures. Aujourd'hui, j'ai rencontré un jeune homme sympathique. _ _ _ _ _ une heure, il m'a téléphoné pour m'inviter à dîner...
N'oubliez pas mes plantes _ _ _ _ _ mes vacances : elles ont besoin d'eau !

Je vous embrasse,
Simone

Exercice 10

Complétez les phrases.

1. Depuis une semaine, je _____ . **4.** Depuis 2002, je _____ .

2. Il y a une semaine, je _____ . **5.** Jusqu'à la fin du mois, je _____ .

3. Pendant un mois, je _____ . **6.** Pendant les vacances, je _____ .

Exercice 11

Écrivez une phrase avec *depuis, il y a* **et** *pendant.*
Exemple : J'apprends le français depuis un mois.

1. *depuis :* _____ .

2. *il y a :* _____ .

3. *pendant :* _____ .

L'accord au passé composé

Exercice 12

Écrivez les verbes entre parenthèses au passé composé.

1. Ma sœur (partir) _____ en Pologne.

2. La lettre de Mariko (arriver) _____ hier.

3. Quand elle a vu le résultat de l'examen, Véronique (se mettre) _____ à pleurer.

4. Elles (retourner) _____ chez elles.

5. Ma femme et moi, nous (rentrer) _____ à 3 heures du matin.

6. La bouteille d'huile (tomber) _____ et elle (se casser) _____ .

7. Grand-mère (s'asseoir) _____ sur ses lunettes.

Exercice 13

Écoutez l'enregistrement et utilisez les mots ci-dessous pour raconter le voyage de Julie.

Julie - Natalia - Moscou - l'aéroport - la place Rouge - le Kremlin - le quartier de l'Arbat - l'hôpital - la France - l'ambulance

Julie est allée en vacances à Moscou. _____

_____

Outils Exprimer son accord ou son désaccord

Livre de l'élève
pages 124 et 125

Exercice 14

Écrivez un minidialogue avec les deux formes de la négation.

1. ne… plus **2.** ne… jamais

_____ _____

_____ _____

_____ _____

Écoutez les six situations et dites si les personnes sont d'accord ou si elles sont en désaccord. Cochez les cases qui conviennent.

situations	1	2	3	4	5	6
accord	☐	☐	☐	☐	☐	☐
désaccord	☐	☐	☐	☐	☐	☐

Exercice 16

Écrivez un minidialogue avec chaque phrase.

1. C'est une bonne idée.

----

2. Tu te trompes.

----

3. Tu plaisantes ?

----

4. Tu as raison.

----

5. J'en ai marre.

Exercice 17

Choisissez un dessin et écrivez un dialogue.

E x e r c i c e   18

Écrivez d'abord votre réponse (colonne 1), puis demandez à votre partenaire s'il est d'accord avec vous (cochez la case qui convient dans la colonne 2).

Qu'est-ce que vous pensez de... ?	colonne 1 Votre avis	colonne 2 Votre partenaire	
		est d'accord	n'est pas d'accord
Le froid, en hiver ? C'est insupportable !	*C'est insupportable !*	☐	☒
Les familles avec 7 ou 8 enfants ?	_ _ _ _ _	☐	☐
Les bus dans les villes ?	_ _ _ _ _	☐	☐
Les hommes avec des cheveux longs ?	_ _ _ _ _	☐	☐
Les téléphones portables à l'école ou au restaurant ?	_ _ _ _ _	☐	☐
Les arbres dans les villes ?	_ _ _ _ _	☐	☐
Le sport à la télévision ?	_ _ _ _ _	☐	☐
Les parcs avec des animaux exotiques ?	_ _ _ _ _	☐	☐
Les musées ?	_ _ _ _ _	☐	☐
Les cours de français ?	_ _ _ _ _	☐	☐

Vous avez 1 nouveau message

Livre de l'élève
pages 126 et 127

Comparer

E x e r c i c e   19

Complétez les dialogues avec certains des mots suivants :
différent - identique - pareil - même - autre - comme - ressembler - se ressembler - plus - moins.

1. - C'est Sophie, là, à droite, sur la photo ?
   - Non, c'est Sandrine, sa sœur.
   - Oh là là, elles _ _ _ _ _ .

2. - Les pêches ? C'est 2,50 euros le kilo.
   - Et les abricots ?
   - C'est le _ _ _ _ _ prix : 2,50 euros.

3. - Et Martha, elle a 25 ans ?
   - Non, elle est _ _ _ _ _ jeune, elle a 22 ans.

4. - Qu'est-ce qui est plus grand : un kilomètre ou mille mètres ?
   - Quelle question ! Un kilomètre et mille mètres, c'est _ _ _ _ _ !

5. - Oh qu'il est joli ce petit garçon !
   - Oh, oui ! Et il _ _ _ _ _ à son père : ils ont les _ _ _ _ _ oreilles !

E x e r c i c e   20

Comparez votre pays avec un autre pays. Utilisez les mots suivants :
ressembler - se ressembler - identique - pareil - comme - plus - moins.

_____

_____

_____

Exercice 21

Écrivez un minidialogue avec les expressions suivantes.

1. C'est la même chose.

2. Ce n'est pas pareil.

Exercice 22

Par deux, regardez les dessins et répondez oralement.

a) Les deux lignes au centre [\ et /] ont-elles la même longueur ?

c) Les deux cercles au centre sont-ils identiques ?

b) Les deux lignes horizontales sont-elles identiques ?

 Décrire une personne.

Exercice 23

Écrivez le contraire de ces mots.

1. heureux ≠ *triste*

2. drôle ≠ _ _ _ _ _

3. froid ≠ _ _ _ _ _

4. mal habillé ≠ _ _ _ _ _

5. stupide ≠ _ _ _ _ _

Exercice 24

Regardez les dessins et écoutez les descriptions. Écrivez sous chaque dessin le prénom de la personne qui correspond (*Caroline* ou *Mathilde*).

1. _ _ _ _ _

2. _ _ _ _ _

phonétique

[a] (comme dans *Canada*) et [ã] (comme dans *France*)

Exercice 25

Écoutez les phrases et cochez la case qui convient.

1.	☐ Quelle chasse !	☐ Quelle chance !
2.	☐ Regarde l'orage !	☐ Regarde l'orange !
3.	☐ Il veut tâter.	☐ Il veut tenter.
4.	☐ Je vais avec Laura.	☐ Je vais avec Laurent.
5.	☐ Ils apprennent.	☐ Ils en prennent.
6.	☐ Ils sont là.	☐ Ils sont lents.
7.	☐ J'aime les trajets.	☐ J'aime l'étranger.
8.	☐ Je l'apporte.	☐ Je l'emporte.
9.	☐ Où sont les gars ?	☐ Où sont les gants ?

Exercice 26

Écoutez et complétez les mots avec le son [ã].

1. Je pars __ vac__ces mardi.
2. Il est d__s sa ch__bre.
3. Elle arrive le tr__te déc__bre.
4. Les __f__ts att__dent l'autobus.
5. Gr__d-père va avoir c__t __s.
6. Tu comm__ces qu__d ?

La francophonie

Livre de l'élève
pages 128 et 129

Exercice 27

Lisez ce petit texte et trouvez qui sont les personnages et quel est le problème présenté.

À l'institut Guessous, j'appris le français par le commencement : l'alphabet. Il était sous-développé. Comparé à notre alphabet à nous, il lui manquait plusieurs lettres, les sons « gh », « ts », « th », « dz », « a' », et j'en passe. Notre professeur était très patient avec moi, répétait en souriant : « Ce n'est pas une traduction de l'arabe. C'est une *autre* langue. » Lorsqu'il me fallut allier des consonnes et des voyelles pour former des mots, ce fut l'incompréhension totale. Habitué à écrire de droite à gauche, j'écrivis de droite à gauche, en toute logique. Quelque chose comme : *ssirD tse mon noM*. Le professeur se montra habile devant ce cas de figure. Il se saisit d'un miroir et rétablit la phrase dans le bon sens : *Mon nom est Driss*. C'était simple. Le monde des Européens, à commencer par leur langage, était l'inverse du nôtre.

Driss CHRAÏBI,
Vu, lu, entendu, 1998, p. 28

12

Je te retrouverai

E x e r c i c e 1

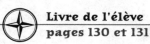

Livre de l'élève
pages 130 et 131

Quel sens faut-il pour découvrir… Écrivez un sens en face de chaque mot.
Exemple : une musique : l'ouïe

1. une odeur : _ _ _ _ _

2. un rire : _ _ _ _ _

3. un sourire : _ _ _ _ _

4. un chocolat : _ _ _ _ _

5. une bise : _ _ _ _ _

E x e r c i c e 2

Écoutez et associez chaque réplique à un verbe.

a. goûter   **b.** sentir   **c.** voir   **d.** entendre   **e.** toucher

1	2	3	4	5
- - -	- - -	- - -	- - -	- - -

E x e r c i c e 3

Écrivez un minidialogue avec chacun de ces mots ou expressions.

1. promis

- -
- -
- -

3. les coordonnées

- -
- -
- -

2. sans aucun doute

- -
- -
- -

4. Qu'est-ce qui t'a pris ?

- -
- -
- -

Outils Le futur simple

Livre de l'élève
pages 132 et 133

Exercice 4

Complétez le tableau.

	je	tu	il/elle/on	nous	vous	ils/elles
retrouver	- - - - -	- - - - -	retrouvera	- - - - -	- - - - -	- - - - -
étudier	- - - - -	étudieras	- - - - -	- - - - -	- - - - -	- - - - -
payer	paierai	- - - - -	- - - - -	- - - - -	- - - - -	- - - - -
choisir	- - - - -	- - - - -	- - - - -	choisirons	- - - - -	- - - - -
dire	- - - - -	- - - - -	- - - - -	- - - - -	- - - - -	diront
prendre	- - - - -	- - - - -	- - - - -	- - - - -	prendrez	- - - - -

Exercice 5

Complétez le tableau.

	je	vous	ils/elles
aller	- - - - -	irez	- - - - -
avoir	- - - - -	- - - - -	- - - - -
devoir	devrai	- - - - -	- - - - -
être	- - - - -	- - - - -	- - - - -
faire	- - - - -	- - - - -	feront
pouvoir	- - - - -	- - - - -	- - - - -
venir	viendrai	- - - - -	- - - - -
vouloir	- - - - -	voudrez	- - - - -

Exercice 6

Mettez les verbes entre parenthèses au futur simple.

1. Je pense qu'on (arriver) _ _ _ _ _ assez tard.

2. Vous (avoir) _ _ _ _ _ mon test mardi matin, c'est promis.

3. Tu (remercier) _ _ _ _ _ bien Monsieur Revol pour moi, hein ?

4. Ils ne (vouloir) _ _ _ _ _ pas revenir l'année prochaine.

5. On (aller) _ _ _ _ _ au restaurant et on (choisir) _ _ _ _ _ un très bon menu.

6. Marie-Pierre (venir) _ _ _ _ _ chez nous mardi soir ?

7. Je ne (pouvoir) _ _ _ _ _ jamais l'oublier…

8. Mon frère (essayer) _ _ _ _ _ de t'aider, ne t'inquiète pas.

9. Elles (comprendre) _ _ _ _ _ bien qu'il faut partir !

10. Vous (dire) _ _ _ _ _ bonjour à Louis !

Marc et Magali parlent de leur prochain voyage. Mettez les verbes entre parenthèses au futur simple.

Nous (partir) _____ le 3 mai à 6 heures. Nous (prendre) _____ le train pour l'aéroport Charles de Gaulle à Paris et notre avion (décoller) _____ à 11 h 30. Nous (arriver) _____ à Ténériffe à 17 h 50 parce que l'avion (faire) _____ une escale à Madrid et nos amis Ana et Lauro nous (attendre) _____ à l'aéroport. Ensuite, nous (aller) _____ chez eux pour dîner, dormir et surtout discuter ! Le 4 mai, nous (visiter) _____ Ténériffe et ses environs et nous (commencer) _____ notre randonnée dans les montagnes le 6. Lauro (porter) _____ le sac à dos et moi, je (prendre) _____ les photos… Nous (revenir) _____ à Ténériffe le 11 et nous (rentrer) _____ le 13 à Paris où nous (passer) _____ deux ou trois jours. Après, il (falloir) _____ rentrer en Bretagne et retourner au bureau…

Parler de l'avenir

Vous allez chez une voyante. Elle lit votre avenir dans sa boule de cristal. Écrivez les verbes au futur simple.

1. (tomber amoureux) Vous _____ .

2. (se marier dans deux ans) Vous _____ .

3. (avoir deux enfants) Vous _____ .

4. (gagner plus d'argent) Vous _____ .

5. (être heureux) Vous _____ .

6. (faire de grands voyages) Vous _____ .

7. (rencontrer des personnes extraordinaires) Vous _____ .

8. (pouvoir tout faire) Vous _____ .

a) Regardez le document page 99 et trouvez votre signe du zodiaque.

Mon signe : _____

b) Lisez les prévisions pour le signe du Bélier et corrigez les affirmations qui sont fausses.

1. Les « *Béliers* » auront des problèmes avec leur famille ou leurs amis.

_____

2. Ils doivent être d'accord pour travailler plus.

_____

3. Ils vont rencontrer un autre « *Bélier* » et ils auront de petits problèmes ensemble.

_____

4. Ils doivent se coucher tôt.

_____

c) Vous n'êtes pas du signe du Bélier, amusez-vous à compléter les prévisions pour votre signe.
Vous êtes du signe du Bélier : choisissez un signe que vous aimez et écrivez les prévisions.

HOROSCOPE

 Bélier
(21/03 - 20/04)

Travail : Vous aurez de petits problèmes avec vos collègues. Ils vous demanderont de travailler un peu plus. Acceptez.
Amour : Vous rencontrerez un autre bélier. Vous serez heureux et troublé.
Santé : Reposez-vous.

 Taureau
(21/04 - 20/05)

Travail :

Amour :

Santé :

 Gémeaux
(21/05 - 21/06)

Travail :

Amour :

Santé :

 Cancer
(22/06 - 22/07)

Travail :

Amour :

Santé :

 Lion
(23/07 - 23/08)

Travail :

Amour :

Santé :

 Vierge
(23/09 - 22/09)

Travail :

Amour :

Santé :

 Balance
(23/09 - 22/10)

Travail :

Amour :

Santé :

 Scorpion
(23/10 - 21/11)

Travail :

Amour :

Santé :

 Sagittaire
(22/11 - 20/12)

Travail :

Amour :

Santé :

 Capricorne
(21/12 - 19/01)

Travail :

Amour :

Santé :

 Verseau
(20/01 - 18/02)

Travail :

Amour :

Santé :

 Poissons
(19/02 - 20/03)

Travail :

Amour :

Santé :

Écoutez les prévisions, puis associez le signe du zodiaque qui correspond à chaque affirmation.

1. Il doit s'amuser et ne plus être triste.

2. Il n'a plus de problème au travail et il ira très bien aujourd'hui.

3. Il sera un peu fâché avec un Sagittaire.

4. Il aura de petits problèmes d'argent.

5. Il doit penser plus à sa famille.

6. Il va peut-être rencontrer l'amour…

7. Il doit penser plus à son travail.

- • Gémeaux
- • Lion
- • Balance
- • Scorpion
- • Capricorne
- • Verseau
- • Poissons

Quel temps fait-il ?

 Livre de l'élève pages 134 et 135

Exercice 11

Écoutez le bulletin météorologique et associez les prévisions aux régions correspondantes.

1. Il y aura des nuages.

2. Les températures seront fraîches.

3. Les températures seront agréables.

4. Il y aura du vent.

5. Le temps sera chaud.

6. Il pleuvra.

- • en Auvergne
- • en Bretagne
- • en Corse
- • dans les Alpes
- • au sud
- • au centre
- • à l'est
- • au nord

Exercice 12

Quel temps fera-t-il demain ? Écrivez le bulletin météo pour quatre villes de votre choix.

Moscou	Madrid	Oslo	Istanbul	Panama	Tunis
Matin : - 15°	Matin : 15°	Matin : - 5°	Matin : 8°	Matin : 27°	Matin : 17°
Après-midi : - 10°	Après-midi : 16°	Après-midi : - 1°	Après-midi : 14°	Après-midi : 31°	Après-midi : 25°

Exprimer des souhaits

Exercice 13

Écrivez les verbes entre parenthèses au subjonctif.

1. Franck aimerait que François (venir) _ _ _ _ _ pour les 80 ans de grand-mère.

2. Explique-lui pour qu'il (comprendre) _ _ _ _ _ bien.

3. Le professeur veut qu'on (finir) _ _ _ _ _ l'unité 12 jeudi.

4. J'aimerais vraiment qu'on (revoir) _ _ _ _ _ nos amis Le Guellec.

5. Tu travailles trop, il faut que tu (sortir) _ _ _ _ _ un peu…

6. Demain, je voudrais qu'on (partir) _ _ _ _ _ avant 8 heures.

7. Il faut que nous (s'arrêter) _ _ _ _ _ à la boulangerie.

8. On aimerait beaucoup que vous (connaître) _ _ _ _ _ notre pays.

Exercice 14

Faites une seule phrase en utilisant *pour que*.
Exemple : Je t'ai écrit / tu réponds → *Je t'ai écrit pour que tu répondes.*

1. Je t'ai prêté un ticket / tu prends le métro. → _ .

2. Il t'a donné son adresse / tu lui écris. → _ .

3. On ira à la bibliothèque / tu choisis un livre. → _ .

4. Christian m'a appelé / on dîne ensemble ce soir. → _ .

5. Je te pose la question / tu me dis où tu vas. → _ .

6. Téléphone à Pierre-Jean / il vient avec nous prendre un petit café. → _ _ _ _ _ _ _ _ _ _ _ _ _ _ _ _ _ _ .

Exercice 15

Lisez ces phrases et indiquez la forme du verbe souligné. Cochez la case qui convient.

	indicatif	subjonctif
1. Je sais qu'elle <u>aime</u> la littérature américaine.	☐	☐
2. J'aimerais bien que tu <u>parles</u> à Jean-Pierre.	☐	☐
3. Il faut que tu <u>goûtes</u> la cuisine indonésienne ; c'est excellent.	☐	☐
4. Roger pense que tu <u>travailles</u> avec moi.	☐	☐
5. Tu veux que j'<u>achète</u> le journal ?	☐	☐
6. Je pense que Marie <u>déteste</u> le rap.	☐	☐
7. J'espère que tu <u>écoutes</u> bien ton professeur.	☐	☐

phonétique

[o] (comme dans *eau*) et [ɔ̃] (comme dans *mon*)

Exercice 16

Écoutez et cochez la phrase que vous entendez.

1. ☐ Il est très beau.   ☐ Il est très bon.
2. ☐ Bonjour Léo !   ☐ Bonjour Léon !
3. ☐ Fais un do.   ☐ Fais un don.
4. ☐ Regarde le joli pot !   ☐ Regarde le joli pont !
5. ☐ Il faut un exercice.   ☐ Ils font un exercice.
6. ☐ C'est un seau.   ☐ C'est un son.
7. ☐ J'aime ce mot.   ☐ J'aime ce mont.
8. ☐ Voilà mon héros préféré.   ☐ Voilà mon héron préféré.

Exercice 17

Écoutez et cochez la case correspondant au son que vous entendez.

	1	2	3	4	5	6	7	8
[o]	☐	☐	☐	☐	☐	☐	☐	☐
[ɔ̃]	☐	☐	☐	☐	☐	☐	☐	☐

Vous avez 1 nouveau message

Livre de l'élève
pages 136 et 137

Décrire, caractériser une personne

Exercice 18

Lisez ces descriptions et écrivez des portraits contraires.
Exemple : Il est petit, châtain aux yeux marron. → *Il est grand, blond aux yeux verts.*

1. Elle est grande et mince, et elle a les cheveux courts.
2. Il est brun aux yeux noirs et il a l'air triste.
3. Il est vieux et un peu fort. Il a un petit nez et de grands yeux bleus.
4. Elle est brune aux cheveux longs et frisés. Elle a des petites lunettes et elle n'a pas l'air très sympathique.

Exercice 19

Choisissez une personne et décrivez-la.

- -

- -

- -

- -

Exercice 20

Décrivez un personnage que vous aimez particulièrement.

- -

- -

Temps et durée

Exercice 21

Associez chaque question à la réponse qui convient.

1. Tu pars dans un mois en Suisse ?

2. Vous allez de Paris à Angers en train ?

3. Les phrases sont difficiles, non ?

4. Alors, c'est quand le départ ?

5. Vous allez à Paris demain ?

6. C'est dur de trouver un bel appartement, non ?

a. Pas trop. On a fait l'exercice en 15 minutes.

b. Moi, j'ai trouvé en deux jours !

c. Nous partons dans six jours.

d. Non, bientôt ! Dans trois jours !

e. Bien sûr. En une heure trente, on y est !

f. Non, on ira dans trois ou quatre jours.

1	2	3	4	5	6
- - -	- - -	- - -	- - -	- - -	- - -

Exercice 22

Complétez avec *en* ou *dans*.

1. Je vais passer mes examens - - - - - deux jours.

2. Claudine a préparé un gâteau - - - - - quelques minutes.

3. Vite, on part - - - - - trois minutes !

4. Je ne sais pas où je serai - - - - - un an…

5. Vite, il est 11 h 30 et à midi, on a un rendez-vous ! On doit écrire cette lettre - - - - - 20 minutes.

6. J'ai repeint mon appartement - - - - - une semaine.

7. - - - - - trois jours, nous partirons à Barcelone.

8. Le film va commencer - - - - - 10 minutes.

Écrivez un minidialogue avec chaque mot.

1. en

----

3. depuis

----

2. dans

----

4. pendant

Notre vie dans 50 ans

Livre de l'élève
pages 138 et 139

Exercice 24

Écoutez, puis corrigez les affirmations qui sont fausses.
Exemple : Elle pense qu'il n'y aura plus de progrès scientifiques. → Non, elle pense qu'il y aura de gros progrès scientifiques.

1. Elle pense que la recherche médicale progressera.

----

2. Elle a peur parce que, bientôt, on pourra soigner les maladies très graves.

----

3. C'est bien de pouvoir choisir d'avoir des enfants parfaits.

----

4. Bientôt, tout le monde sera blond aux yeux bleus.

----

5. Il ne faut plus recycler les déchets.

----

6. L'air est pollué par les machines qui transforment les déchets.

Transcriptions

• Exercice 1
1. Salut Coralie.
2. Ça va ?
3. Vous allez bien ?
4. Tu me téléphones ?
5. Au revoir.

• Exercice 2
Dialogue 1 :
- Bonjour, Valérie
- Bonjour, Antoine.
- Comment allez-vous ?
- Bien, merci.

Dialogue 2 :
- Salut, ça va ?
- Ça va. Et toi ?
- Ça va.

Dialogue 3 :
- Bonjour, monsieur.
- Bonjour, madame.
- Lucie Quermalec. Monsieur Fonteneau, s'il vous plaît.

Dialogue 4 :
- Ah, Julien, bonjour.
- Bonjour, François.
- Asseyez-vous.
- Merci.

Dialogue 5 :
- Bon, au revoir.
- Au revoir.
- Tu me téléphones !
- Oui, oui, d'accord. Salut.

• Exercice 4
1. à bientôt	6. merci
2. bonjour	7. monsieur
3. d'accord	8. pardon
4. directrice	9. salut
5. madame	

• Exercice 5
1. a	6. j
2. e	7. k
3. f	8. o
4. h	9. q
5. i	

• Exercice 6
1. s	6. b
2. i	7. n
3. t	8. j
4. k	9. u
5. e	10. l

• Exercice 7
1. ê	6. à
2. d'	7. é
3. î	8. ï
4. è	9. t'
5. ç	

• Exercice 8
1. chère	6. coule
2. mis	7. péri
3. sage	8. joueur
4. pile	9. marre
5. mon	

• Exercice 9
1. salut	6. merci
2. bonjour	7. excusez
3. monsieur	8. suis
4. asseyez	9. directrice
5. enchanté	

• Exercice 10
1. Paris	6. Strasbourg
2. Bordeaux	7. Orléans
3. Lille	8. Besançon
4. Marseille	9. Châteauroux
5. Lyon	

• Exercice 11
Dialogue 1 :
- Bonjour, monsieur.
- Bonjour, madame.
- Vous allez bien ?

Dialogue 2 :
- Ah, bonjour Madame Legrand, vous avez fait bon voyage ?
- Oui, merci.
- Comment allez-vous ?
- Bien, merci. Et vous ?

Dialogue 3 :
- Pardon, vous êtes Ali Medjahed ?
- Non, désolé.
- Excusez-moi.

Dialogue 4 :
- Bonjour, Madame Jovinac.
- Bonjour, monsieur.
- Asseyez-vous.

• Exercice 14
1. 1 + 3 =	6. 6 − 6 =
2. 2 + 2 =	7. 9 − 2 =
3. 5 − 3 =	8. 8 + 1 =
4. 4 + 4 =	9. 10 − 5 =
5. 7 + 3 =	10. 2 + 6 =

• Exercice 16
1. Quatre ?	Quatre.
2. Oui ?	Oui.
3. D'accord ?	D'accord.

• Exercice 17
1. Ça va.	5. Monsieur ?
2. Julien ?	6. Trois.
3. D'accord ?	7. Paris ?
4. À demain.	8. Oui.

• Exercice 18
1. bas	5. pousse
2. four	6. soi
3. moi	7. chat
4. poire	

• Exercice 19
1. boire	6. noix
2. cale	7. rouge
3. roi	8. sourd
4. cape	9. tasse
5. louche	

• Exercice 20
1. toit - ta - tout
2. poil - pale - poule
3. vas - vois - vous
4. bourg - bar - boire
5. poisson - passons - poussons
6. choir - chourre - char
7. far - foire - fourre

• Exercice 21
1. parloir	6. pourboire
2. vouloir	7. rasoir
3. nougat	8. couloir
4. partout	9. nounours
5. mouchoir	10. pouvoir

Unité 2

• Exercice 3
- C'est qui sur la photo ?
- C'est Mathias. Il apprend le français avec moi. Il est allemand et il a 23 ans.
- Et elle ?
- Elle ? C'est Zohra. Elle a 19 ans.
- Quelle est sa nationalité ?
- Elle est algérienne.
- Sympa, non ?
- Ah ! Ouais ! Elle est très sympa !

• Exercice 6
1. Copacabana est une plage brésilienne.
2. Le steak frites, c'est français !
3. Le porto est un vin portugais.
4. Philippe adore le footballeur anglais David Beckham.
5. Ornella Mutti est une belle actrice italienne.
6. Dalaras ? C'est un chanteur grec.

• Exercice 8
Bonjour, Service information de la mairie de Nantes. Notez bien les numéros utiles :
Pompiers : 08 33 36 48 50
Police : 01 44 41 40 45
SOS Médecins : 02 40 40 30 30
Taxis : 05 50 52 50 51
SNCF : 03 30 36 57 12

• Exercice 10
Moi, je m'appelle Franco Picacci. Je suis italien et j'ai 27 ans. J'habite à Naples, 12 rue Condotti, mais je suis né à Rome.

• Exercice 17
Quoi qu'a dit ? – A dit rin.
Quoi qu'a fait ? – A fait rin.
A quoi qu'a pense ? – A pense à rin.
Pourquoi qu'a dit rin ?
Pourquoi qu'a fait rin ?
Pourquoi qu'a pense à rin ?
- A'xiste pas.
Jean Tardieu

• Exercice 18
Grand merci, grand merci.
Merci. Mille fois merci.
À bientôt !
- Mais oui - Mais non !
Ce n'est rien, je vous en prie.
Jean Tardieu

• Exercice 19
1. hardi - ardu
2. dur – dire
3. dessus – deci
4. perdit – perdu
5. mille – mule
6. rue – riz

Unité 3

• Exercice 12
1. Le train pour Paris Gare de Lyon partira à 10 h 45.
2. Allo maman, c'est moi. J'arrive à 18 h 26 aujourd'hui. Bisous !
3. Rendez-vous mardi 15 à 12 h 50.
4. Bon, demain, départ à 8 h 30 ; d'accord ?
5. Je suis née le 12 avril à 13 h 55. Et toi ?

• Exercice 13
- Maria, toi, c'est la guitare que tu aimes vraiment beaucoup ?
- Hum... J'aime bien la guitare, c'est vrai, mais le piano... Ah ! Le piano ! Oh... c'est beau !
- Très bien. Et le violon, tu n'aimes pas ?
- Si, j'aime beaucoup le violon aussi. Mais je n'aime pas du tout le violoncelle !
- Ah bon ? Et... la trompette, alors ?
- J'ai horreur de ça.

• Exercice 15
Carine, 26 ans, professeur de sport. Elle déteste les voitures, elle adore le cyclisme et les gros chiens.

C'est Christophe. Il a 21 ans. Il travaille chez Peugeot à Besançon. Il aime les voitures et les jolies filles !

Il n'aime pas le cinéma et il a horreur de la télévision !

Maintenant, voici Antoine. Il est de Dijon et il a 19 ans. Il aime danser et écouter de la musique moderne. Travailler ? Bof...

Elle déteste le sport et aime beaucoup travailler. Elle adore les chats. Elle a 21 ans et elle s'appelle Marina.

Unité 4

• Exercice 1
- Allo, inspecteur Renard ?
- Oui, c'est moi.
- Écoutez bien... Je sais où est votre coupable.
- Ah, bon ! Mais, vous êtes qui ?
- Ce n'est pas important, qui je suis.
- Bon, c'est vrai ? Vous pouvez me dire où est le coupable ?
- Oui, je peux. Vous allez aller au café de Flore, boulevard Saint-Germain et vous allez poser la question à la serveuse.
- Oui... mais après... ?
- Après, vous allez prendre le métro et aller au 19, rue Parmentier.
- Et je vais faire quoi, rue Parmentier ?
- Vous allez me voir et nous allons parler. Alors, c'est d'accord ?
- Euh... Ben, d'accord...

• Exercice 5
1. Tu vas bien écouter...
2. Je voudrais répondre, s'il te plaît !
3. Vous pourriez m'aider, s'il vous plaît ?
4. Allez au café Prune.
5. Vous pourriez épeler, s'il vous plaît ?
6. Tu veux bien répéter ta question, s'il te plaît ?

• Exercice 12

Je m'appelle Elisa. Je suis espagnole et j'habite en Italie, à Milan. J'étudie l'italien et le français à l'université. J'ai des amis italiens, français et aussi marocains ou algériens. Mon université est très belle et le travail est intéressant. J'adore l'Italie mais je suis heureuse quand je rentre en Espagne pour voir ma famille et mes amis. Dans la vie, j'aime le sport, le cinéma et les animaux. J'adore les enfants. Je déteste les émissions de variétés à la télévision et je n'aime pas du tout avoir froid...

• Exercice 13

1. ruse – russe
2. casse – case
3. sel – zèle
4. douze – douce
5. les sots – les eaux
6. les îles – les cils
7. ils sont – ils ont
8. ils aiment – ils s'aiment

• Exercice 14

1. poisson – poison
2. mise – miss
3. dessert – désert
4. laisser – léser
5. phase – face
6. cousin – coussin

• Exercice 18

C'est génial, Paris. J'adore l'Île Saint-Louis et les petits cafés du Marais. J'ai mangé dans un restaurant chinois dans le quartier de l'Hôtel de Ville et j'ai visité le magnifique musée d'Orsay. J'ai photographié les bateaux-mouches sur la Seine et demain, je vais voir les grands magasins sur les grands boulevards. Maintenant, je vais envoyer une carte postale à mes parents et des lettres à Flora et à mes amis.

Unité 5

• Exercice 12

1. onze heures et quart
2. treize heures trente
3. une heure moins le quart
4. dix heures dix
5. neuf heures quarante
6. midi moins vingt
7. dix-huit heures
8. minuit et demie

• Exercice 13

1. - Le film commence à quelle heure ?
   - À vingt heures quarante.
2. - À quelle heure on part ?
   - À huit heures, d'accord ?
3. - Alors, tu peux venir ?
   - Non, à quatre heures et demie, j'ai un cours.
4. - On se retrouve à quelle heure ?
   - À huit heures moins le quart devant le théâtre ?
5. - Ton avion arrive à quelle heure ?
   - À dix-huit heures cinquante.
6. - Excusez-moi, vous avez l'heure s'il vous plaît ?
   - Oui, bien sûr, il est... euh... midi et demie.
7. - Tu finis ton travail à quelle heure ?
   - À seize heures.

• Exercice 16

1. Vous avez un nouveau message : Euh, Vanessa, c'est Simon, j'ai un problème ici. Je vais arriver à Charles de Gaulle, samedi après-midi, à cinq heures vingt. D'accord ? Je t'embrasse.
2. Le train numéro 8859, en provenance de Lille-Europe et à destination de Nantes, départ initialement prévu à 14 h 40, va entrer en gare, voie B. Éloignez-vous de la bordure du quai, s'il vous plaît.
3. Vous écoutez Radio G, nous sommes le mercredi 27 mars, il est 6 h 30. Les informations avec Jérôme Château.
4. Cette semaine, jusqu'au mardi 18 octobre, nous vous proposons 15 films. Pour tous les horaires film par film, tapez un. *Être et avoir*, séances à 16 h 50 et à 19 h 30.
5. Bonjour. Bienvenue chez Frapima. Nos bureaux sont ouverts de 8 h 30 à 18 h 30. Merci de rester en ligne, nous allons donner suite à votre appel.
6. Chers clients, du 17 au 30 janvier, votre magasin Super M vous offre 30 % de réduction sur tout le blanc et les vêtements pour enfants, marqués d'un point rouge.

• Exercice 18

Fabienne : Société Marchand. Bonjour.

Victor Marchand : Fabienne, c'est Victor.

Fabienne : Ah, bonjour Victor.

Victor Marchand : Je suis à l'aéroport de Francfort. Il y a un petit problème. Je reviens le mardi 13. Est-ce que tu peux me prendre un rendez-vous avec Carole le matin à huit heures ? À dix heures, j'ai un rendez-vous avec Monsieur Grandet, c'est ça ?

Fabienne : Oui, Grandet, à dix heures.

Victor Marchand : Bon, bien sûr, on va déjeuner ensemble. Tu peux me réserver une table dans un restaurant, *La Ferme* ou *Le Provençal*. Pour midi et demie, trois personnes : tu vas venir avec nous.

Fabienne : D'accord.

Victor Marchand : À quatorze heures trente, on est au bureau. À quinze heures, je veux voir Frédéric. Tu peux lui téléphoner pour lui dire de venir à quinze heures ?

Fabienne : Ça marche !

Victor Marchand : À quelle heure est mon avion pour Montréal, le soir ?

Fabienne : Dix-neuf heures trente.

Victor Marchand : Bon, je vais prendre un taxi à dix-sept heures. Bon, parfait. Merci. On se voit mardi. Au revoir.
Fabienne : À mardi.

• Exercice 20

Bonjour. Vous avez cinq nouveaux messages.

Message du 02 47 39 19 78, reçu aujourd'hui, à 9 h 35 :
Salut, c'est Isabelle. Tu peux me téléphoner avant midi...
Ce message est conservé.

Message du 06 72 32 57 74, reçu aujourd'hui, à 10 h 30 :
Bonjour, c'est Aurélie. Qu'est-ce que tu fais ce soir ? Je vais au cinéma avec Vincent. Vers sept, huit heures. Est-ce que tu veux venir avec nous ?
Ce message est conservé.

Message du 02 47 39 19 78, reçu aujourd'hui, à 11 h 55 :
C'est encore Isabelle. Mince ! Tu n'as pas eu mon message ? Bon, euh, je ne suis pas chez moi cet après-midi. Je te téléphone plus tard.
Ce message est conservé.

Message du 06 83 79 10 25, reçu aujourd'hui, à 13 h 52 :
Salut, euh, c'est Vincent. Est-ce qu'Aurélie t'a appelée ? On va au ciné, ce soir. Ça te dit ? On veut aller voir *Le Pianiste* à neuf heures. On se retrouve au Café de la Poste. À plus.
Ce message est conservé.

Message du 02 47 39 19 78, reçu aujourd'hui, à 17 h 55 :

C'est Isabelle. Bon, ton téléphone ne marche pas ? Tu dors ? Alors, j'ai reçu une lettre de François. Pour le week-end prochain, il y a un problème, on ne peut pas aller chez Marie. Qu'est-ce qu'on fait ? Bises.
Ce message est conservé.

• Exercice 33
1. Tu sais qu'elles sont malades.
2. Il y a des œufs dans le frigo.
3. Tu vas venir avec nous, d'accord ?
4. Il ne sait pas quand ses amis vont partir à Bordeaux.
5. Monsieur Dupont apprend le chinois dans un institut.

• Exercice 34
1. chant
2. fragile
3. Jacques
4. en Chine
5. jeune
6. mange
7. marche
8. riche

Unité 6

• Exercice 6
1. Ce film, je trouve vraiment qu'il est drôle !
2. Tu écoutes cette musique ? Mais, c'est nul !
3. À mon avis, c'est une histoire intéressante, et puis, on apprend beaucoup.
4. Quelle magnifique exposition ! J'adore Picasso !
5. Moi, je n'ai pas aimé ce film, je trouve qu'il est mauvais.
6. J'ai adoré le dernier film de Ken Loach. C'est violent mais l'histoire est très vraie.

• Exercice 10
1. - Vous prenez le livre et le magazine d'informatique, c'est ça ?
   - Euh... Il fait combien, le livre ?
2. - Mademoiselle ! Le prix de ce vin, s'il vous plaît ?
3. - On prend le CD de Jenifer ?
   - Il coûte combien ?
4. - Ça fait combien tous ces chocolats ?
   - 13,90, monsieur.
5. - J'aime bien ça mais, c'est combien ?
   - 3,20 euros, ce n'est pas cher !
6. - Bon, ça coûte combien, ça ?
   - Ah ! Il n'y a pas le prix ?
7. - C'est combien l'aller-retour Paris-Lyon en TGV ?

   - Je ne sais pas, moi ! Regarde sur Internet !
8. - Il est beau ton portable. Il a coûté combien ?

• Exercice 18
1. - Tu viens avec nous dimanche ? On va marcher dans la forêt de Brocéliande.
   - J'ai un peu de travail mais je vais essayer de venir. C'est sympa.
2. - Il y a assez de sucre ou tu en veux un peu plus ?
   - Non, ça va. Il y en a trop, je pense.
3. - Vous avez un peu d'argent sur vous ?
   - On en a beaucoup : 200 euros !
4. - Vous aimez bien le jazz ?
   - Peu. Je préfère le blues.

• Exercice 25
1. Tu l'aimes vraiment, Mélanie ?
2. Tu as regardé mes photos du Mexique ?
3. Quand est-ce que tu viens à la maison ?
4. Ben, où est le champagne ?
5. Mais pourquoi ils ne nous répondent pas ?
6. Mais, tu le connais le Docteur Boyer ?
7. C'est beau mais quel est le prix ?
8. Tu as aimé le film hier soir ?

• Exercice 28
1. un beau parleur
2. une belle cape
3. un député belge
4. un petit banc
5. un beau-frère sympa
6. un poney blanc
7. un inspecteur laborieux
8. une bonne pastilla

• Exercice 29
1. un pot
2. débranche
3. un abri
4. attrape
5. une boule
6. emprunte
7. un imbécile
8. débloque

• Exercice 31

Lucie : - Qu'est-ce que tu veux manger, Louis ?

Louis : - Oh ! Je n'ai pas très faim. Juste une salade grecque. Et toi ?

Lucie : - Moi, je vais prendre un plat du jour et une pâtisserie. J'adore les gâteaux ! Tu vas bien prendre un dessert avec moi ?

Louis : - Bon... Ah ! Oui, une mousse au chocolat. Et puis, je prendrai aussi un café. Et toi ?

Lucie : - Oui, moi aussi, mais un grand. Oui, un grand café !

Louis : - On prend l'apéritif ?

Lucie : - Pourquoi pas ? Deux kirs ?

Louis : - Parfait !

Unité 7

• Exercice 8

La ville a décidé de créer un nouveau parc près de la rivière, le Parc du Trézon. Les travaux vont bientôt commencer et le parc va ouvrir au mois d'avril, l'année prochaine.

Voici, donc, le plan de ce Parc du Trézon :

Le parc se trouve entre le boulevard Magenta, l'avenue de Cuverville et le Trézon. L'entrée du parc est juste à côté du pont des Arts. Au centre du parc, il y a une grande allée principale qui va porter le nom d'allée Gaston Bonnier. Au bout de cette allée se trouve la tour de la Garde.

À l'entrée du parc, il y a, à droite, un espace avec des arbres à fleurs et, à gauche, un espace avec des roses, une petite roseraie. Derrière l'espace avec les arbres à fleurs, se trouve un petit pont qui permet d'aller sur l'île aux Cygnes. Un café-brasserie va être installé entre l'espace avec les arbres à fleurs et un espace avec des bambous. En face de cet espace avec des bambous, nous allons faire un espace avec des fleurs d'automne. Tout le reste du parc va être planté de nombreux arbres et arbustes.

• Exercice 16

1. N'écoutez pas à la porte ! Ce n'est pas poli !
2. N'entrez pas, c'est dangereux !
3. Ne fumez pas ici, s'il vous plaît !
4. Ne lisez pas par-dessus mon épaule !
5. Ne montez pas, l'échelle est cassée !
6. Ne parlez pas ! Chut !
7. Ne regardez pas par le trou de la serrure !

• Exercice 18

Alors, vous prenez la ligne 11 jusqu'à la station Mabillon. Vous sortez de la station de métro et vous prenez la rue en face de la station. C'est la rue de Bucci. Vous continuez tout droit. La rue tourne un peu à droite. Vous continuez. Vous arrivez à la rue de Mazarine. Vous prenez à gauche dans la rue Mazarine et vous allez tout droit jusqu'au bout. Nous sommes au numéro 26 rue Mazarine. Ce n'est pas loin, vous allez voir.

• Exercice 26

1. livre	5. traverse
2. bout	6. habite
3. vite	7. oublier
4. tombe	8. arrive

• Exercice 27

1. Ah oui ! Le dimanche, on joue souvent à la belote. En hiver surtout, parce qu'en été, on préfère se promener.
2. Les jeux vidéo, non, pas beaucoup. Mes enfants aiment les jeux de société comme le Monopoly ou d'autres, j'ai oublié les noms...
3. Ah, mais, quand on a cinq minutes, on sort les boules et on fait une pétanque. Quand on est en vacances, c'est tous les jours, hein !
4. Moi, non, je ne joue pas. Mais mon mari, oui, avec ses amis, il joue au tarot, quand on fait une petite soirée.
5. Euh, dans notre région, on ne joue pas beaucoup à la pétanque. C'est un jeu du Sud-est de la France plutôt, non ? Ici, au Pays Basque, tout le monde joue à la pelote.

Unité 8

• Exercice 8

1. Tu as chaud ? Tu es rouge comme une tomate !
2. On va avoir un examen blanc pour préparer le vrai examen.
3. Ouh là là ! J'ai eu une peur bleue !
4. Tu as vu, j'ai acheté un joli pantalon gris comme une souris.
5. Elle est belle. Elle a des yeux bleus comme la mer.
6. On a acheté un poisson rouge pour l'anniversaire de la petite Léa.
7. Regarde, là ! La femme avec les lunettes noires... C'est Catherine Deneuve !
8. On ne voit rien, il fait nuit noire...

• Exercice 13

1. Monsieur, vous pouvez répéter, je n'ai pas entendu !
2. Est-ce que tu as connu Jean-Pierre Lemercier ?
3. Pauvre Isabelle, elle n'a vraiment pas eu de chance !
4. Vous n'êtes pas allés au Colorado l'année dernière ?
5. J'ai écrit une longue lettre à Patrick.
6. Sa vie n'a pas été très drôle...
7. Qu'est-ce que tu as lu dans le train ?
8. Enfin ! Elle a pu arrêter de fumer !

9. Hier soir, on a bu un vin excellent au Barrio Latino.

10. Chéri, tu as descendu les poubelles ?

• Exercice 17

1. - Tu as rentré la poubelle ce matin ?
   - Ben, non... On a oublié de la sortir hier soir...
   - Ah ! Mince !

2. - Comment on allume ton four ?
   - Il faut tourner le bouton noir et appuyer sur le bouton orange.
   - Ah ! Oui, merci...

3. - Éteins la télé, s'il te plaît, c'est nul, cette émission !
   - Ce n'est pas moi qui ai allumé la télé, alors je ne l'éteins pas !
   - Ah, ben dis donc, c'est sympa, ça !

4. - L'ampoule du salon est grillée. Il faut la changer.
   - Oui, mais il n'y a pas d'ampoule à la maison.
   Il faut en acheter une.

5. - On part demain mais je n'ai pas fait mes bagages.
   - Oh ! Tu as encore un peu de temps...

• Exercice 19

a. Il ne faut pas parler en même temps que moi.

b. Il y a un accident sur l'autoroute A10. Vous devez prendre la nationale 10 à Orléans.

c. Ne gênez pas la fermeture des portes, s'il vous plaît.

d. Il faut 3 œufs et 300 grammes de farine, c'est simple !

e. Il ne faut pas fumer ici, c'est interdit.

f. Toutes nos lignes sont occupées, vous devez rappeler un peu plus tard.

• Exercice 27

clé – devoir – belle – reste – petit
– répondre – exemple – terre
– vendredi – demande – venir
– vert – entrée

• Exercice 28

destin – reculer – règle – énerver
– selle – descendre – examiner
– repas – remercier – énergie
– étranger – règne – revendre
– échanger

• Exercice 29

1. C'est un bon joueur.
2. Quel bonheur d'être avec vous !
3. J'ai mal au cœur...
4. Allo ? Tu es encore au bureau ?
5. Je n'aime pas du tout la chaleur.
6. Ils veulent partir à neuf heures.
7. C'est un beau roman.
8. Vous aimez les fleurs ?

Unité 9

• Exercice 1

Moi, j'adore aller au Mont Dore. C'est en Auvergne. C'est la montagne et on fait de belles randonnées été comme hiver. En plus, l'hiver, on fait du ski ! Où j'aimerais aller ? Euh... dans le Jura, peut-être... Non ! Dans les Alpes. Ah, oui ! En Savoie !

En Touraine, c'est dans la région Centre. Nous avons une petite maison près de Chinon, à 40 kilomètres de Tours. En été, on visite des châteaux, l'automne on fait de belles promenades, on découvre les villes et on déguste les bons vins de Loire ! Je sais pas... Euh... Ah ! Si ! J'aimerais bien visiter l'Alsace ; je ne connais pas cette région.

J'aime beaucoup aller dans le Sud de la France. En général, je vais au Lavandou ; c'est dans le Var, près de Toulon. Pourquoi ? Parce que j'aime le soleil, la mer et ne rien faire ! J'aimerais aussi aller en Italie ou en Crète.

• Exercice 15

Ah ! Tu ne connais pas Clermont ? C'est la ville où je suis né. C'est la capitale de l'Auvergne, dans le Puy-de-Dôme. C'est à 400 mètres d'altitude et la ville est entourée de montagnes : le Massif Central. Il y a environ 150 000 habitants et la ville est très dynamique : beaucoup d'universités et d'entreprises, des cinémas, quelques théâtres... Clermont-Ferrand est la ville de la société *Michelin* qui fabrique des pneus de voitures. On peut faire plein de choses à Clermont et l'environnement est magnifique. On peut découvrir les volcans d'Auvergne ; tu sais, *Vulcania*, le musée des volcans est à 15 kilomètres de Clermont-Ferrand. La région Auvergne a aussi de magnifiques petits villages qu'on peut visiter et l'hiver, on peut faire du ski !

• Exercice 25

nièce – téléphone – prête – délicieux – répondre – fête – très – derrière – décembre – être

• Exercice 26

je préfère – nous préférons
un poète – une poésie
complète – complétez
mètre – métro
je répète – nous répétons
espérer – il espère

Unité 10

• Exercice 3

a. Parce qu'on doit être au cinéma à 20 heures.

b. Pour qu'il arrête de m'écrire. Il m'énerve !

c. Parce que je n'ai pas réussi mes examens.

d. Pour arriver à l'heure à la gare.

e. Parce que je suis en vacances.

f. Pour vivre à Paris après mes études.

• Exercice 9

a. Je continue tout droit ?

b. Oh ! Je ne suis pas belle aujourd'hui ! T'as vu ma tête ?

c. Nous sommes fatigués après ce long voyage.

d. Je m'inquiète beaucoup pour mes examens.

e. Je suis très fatigué.

f. Ah ! Mais c'est pas possible, il y a encore du bruit dans la rue !

• Exercice 12

a. Il est super sympa ce mec !

b. Elle marche pas ta bagnole !

c. On se fait une petite bouffe tous ensemble, ce soir ?

d. J'peux pas aller au cinéma, j'ai pas de fric.

e. Trois exercices, de la grammaire... eh ben, on a du boulot !

f. Dis donc, ta sœur, c'est une belle nana !

• Exercice 19

1. Tu as quel âge, Thibaut ?

2. Quelle est votre couleur préférée ?

3. Mais quel est son nom ?

4. Tu vas au cinéma avec quels amis ?

5. Vous avez retiré de l'argent dans quelle banque ?

6. Quelles sont les questions de l'exercice 16 ?

7. Elle habite dans quelle rue ?

8. Quels sont les CD que tu as prêtés à Paul ?

• Exercice 20

Dialogue 1 :

- Pouvez-vous nous conseiller un bon vin ?

- Bien sûr, Monsieur ; préférez-vous un vin blanc, un vin rouge ou un rosé ?

- Euh... Que nous conseillez-vous avec le poisson ?

- Je vous recommande un vin blanc ou un vin rouge très léger.

Dialogue 2 :

- Tu prends des frites ou une salade ?

- J'sais pas. Et toi, tu veux quoi ?

- Ben, d'abord, un coca !

Dialogue 3 :

- Qu'est-ce que vous avez envie de manger ?

- Moi, je vais prendre un steak avec des haricots verts. Et toi, qu'est-ce que tu prends ?

- La même chose.

- On prend un peu de vin ?

- Moi, je préfère de l'eau.

• Exercice 25

1. Je ne sais pas où je vais.

2. Cette fille est vraiment très jolie !

3. Il parle français ou anglais ?

4. Reste là, je vais t'apporter du lait.

5. J'ai envie de connaître ton frère.

• Exercice 26

1. On va manger, j'ai très faim !

2. Demain, c'est impossible, je suis désolée.

3. Vous voulez un peu de vin ou seulement de l'eau ?

4. Tu as un chien ou un chat ?

5. Tu viens lundi ?

• Exercice 27

Louise, 25 ans, Nice
Pour moi, la lecture, c'est un voyage. Je rêve et je ne suis plus là. Quand je lis, le temps s'arrête.

Pierre, 16 ans, Levallois
Moi, j'aime plutôt le foot, alors, la lecture... Si, quelquefois une BD ou deux...

Laurène, 32 ans, Tours
Pour moi, la lecture c'est pour apprendre. On découvre toujours des choses qu'on ne connaît pas !

Michel, 40 ans, Paris
Ben oui, j'aime bien. Ça m'occupe, surtout quand je suis dans le train.

Lucie, 43 ans, Brest
Je lis peu. Je regarde beaucoup la télé et je vais un peu au cinéma. Pourquoi ? Ben... j'aime pas trop les livres, c'est tout !

• Exercice 13

- Bah, Julie, tu es en France ? Et tes vacances ?

- Euh, courtes. Je suis arrivée à Moscou mercredi soir. Natalia et moi, on s'est retrouvées à l'aéroport et on est allées chez elle. Le lendemain, avec Natalia, on est allées voir le Kremlin et la Place Rouge, bien sûr. Et le métro ! Génial ! Vendredi, on a visité le quartier de l'Arbat sous la pluie et, dans une petite rue, je suis tombée. Je me suis fait très mal à la tête. On est allées à l'hôpital. Puis mon assurance m'a demandé de rentrer en France. Je suis rentrée chez moi lundi soir, en ambulance !

• Exercice 15

1. - Et est-ce que vous pouvez venir le 24 mai ?

- Pas de problème. Le matin, l'après-midi ?

2. - J'achète tous mes fruits au supermarché. Ils sont excellents !

- Tu as tort, ils ne sont pas bons au supermarché.

3. - Ça va 9 h 30 pour la réunion ?

- C'est parfait !

4. - On peut lui offrir un livre, non ?

- C'est nul, un livre !

5. - Philippe, vous allez à Bucarest avec Catherine et...

- Ah, mais, pas du tout ! Je vais à Budapest.

6. - Non, je suis désolé, je n'en ai plus. Mais, vous savez, le modèle à 330 ¤ est très bien aussi.

- Bon, d'accord. Je vais prendre ce modèle.

• Exercice 24

Caroline est la sœur de Mathilde. Elles se ressemblent beaucoup. Mais elles sont aussi très différentes. Caroline est élégante et très cultivée. Mathilde n'est pas mal habillée, mais les vêtements ne sont pas importants pour elle. Caroline est sympathique, mais elle a l'air froid et sérieux. Mathilde est plus chaleureuse, elle a l'air plus heureuse que Caroline.

• Exercice 25

1. Quelle chance !
2. Regarde l'orage !
3. Il veut tenter.
4. Je vais avec Laura.
5. Ils en prennent.
6. Ils sont là.
7. J'aime l'étranger.
8. Je l'apporte.
9. Où sont les gants ?

• Exercice 26

1. Je pars en vacances mardi.
2. Il est dans sa chambre.
3. Elle arrive le trente décembre.
4. Les enfants attendent l'autobus.
5. Grand-père va avoir cent ans.
6. Tu commences quand ?

Unité 12

• Exercice 2

1. Hum… Ça sent bon. Qu'est-ce que tu cuisines ?
2. Écoute cette chanson ; j'adore…
3. Ah ! Non, je n'aime pas beaucoup, je préfère la tarte au citron.
4. Aïe ! Arrête, ça fait mal !
5. Il est vraiment magnifique, ce tableau !

• Exercice 10

Gémeaux : Magnifique journée pour les célibataires et peut-être une belle rencontre amoureuse avec un Lion.
Lion : Pourquoi êtes-vous si tristes ? Allez, il fait beau ! Sortez, amusez-vous !
Balance : Vos gros problèmes de travail iront mieux aujourd'hui et vous vous sentirez plein d'énergie.
Scorpion : Ah ! Scorpions, toujours des petits problèmes d'argent mais rien de grave. Des histoires difficiles en famille…
Capricorne : Ah ! Les amours ne marchent plus très bien… Oubliez un peu ces histoires et pensez plus à votre travail !
Verseau : Le sport, c'est bien mais vous oubliez votre famille et vos amis. Pensez un peu à eux !
Poissons : Vous rencontrerez quelques problèmes avec un sagittaire. Restez calme et attendez demain… Ça ira peut-être mieux…

• Exercice 11

La météo, Nicolas Martineau. Bonjour. Aujourd'hui, le temps sera nuageux sur le Nord, la Bretagne et aussi sur la région Centre où les températures seront fraîches. Il fera, par exemple, moins 1 degré à Clermont-Ferrand et 3 degrés à Bourges. À l'est, il fera beau et on aura de bonnes températures : de 10 à 13° ! Il y aura beaucoup de vent sur tout le Sud mais le soleil brillera. En Auvergne et dans les Alpes, le soleil brillera mais les températures resteront très fraîches. La Corse connaîtra des perturbations avec des nuages et un peu de pluie dans l'après-midi.

• Exercice 16

1. Il est très bon.
2. Bonjour Léo !
3. Fais un don.
4. Regarde le joli pot !
5. Il faut un exercice.
6. C'est un son.
7. J'aime ce mot.
8. Voilà mon héros préféré.

• Exercice 17

1. Il fait beau chez toi ?
2. Hum… Les délicieux gâteaux !
3. J'ai mangé un bon plat typiquement grec.
4. Un peu d'eau, s'il te plaît !
5. Tu as fait un don ?

6. Les enfants, mettez vos chapeaux !
7. J'ai vu des lions au Kenya.
8. Vive les champions !

• Exercice 24

Moi, je pense qu'il y aura de gros progrès scientifiques et que les recherches médicales progresseront encore. Je crois qu'on saura bientôt soigner des maladies très graves et ça, c'est bien. Mais j'ai peur aussi de l'avenir et de ces progrès… Bientôt, on pourra choisir d'avoir des enfants parfaits, on pourra déterminer leur physique et aussi leur caractère. Ça veut dire que tout le monde sera très intelligent ? Ça veut dire que dans certains pays, on ne fabriquera que des blonds aux yeux bleus ! ? Ça, ça me fait vraiment peur !
Et puis, parlons de l'environnement… Je suis pour le recyclage des déchets. Bientôt on transformera encore plus de choses et c'est très bien. Le problème, c'est que pour recycler ou détruire les déchets, on utilise des machines qui peuvent être dangereuses pour l'homme ! Elles polluent notre air et bientôt, de nouvelles maladies arriveront…

Corrigés

MODULE 1 | *Parler de soi*

Unité 1 pages 4 à 10 : Bonjour !

• Exercice 1 🎧
1. [X] Salut.   2. [X] Hum, ça va !
3. [X] Bien, merci.   4. [X] D'accord.
5. [X] Tchao.

• Exercice 2 🎧

1	2	3	4	5
vous	*tu*	*vous*	*vous*	*tu*

• Exercice 3
Proposition de corrigé
Dessin 1
- Salut Thomas !
- Ah ! Bonjour, Lucie. Tu vas bien ?
- Oui, ça va. Et toi ?

Dessin 2
- Au revoir, Madame Martin.
- Au revoir, Madame Dupuis. À demain !

Dessin 3
- Monsieur Dupont ?
- Oui.
- Thomas Fonteneau. Vous allez bien ?
- Bien, merci. Et vous ?

Dessin 4
- Salut ! Tu vas bien ?   - Bien. Paul, E.T.
- Ah ! Bien. Et toi ?

• Exercice 4 🎧
1. à bient**ôt**   2. bon**j**our   3. d'ac**cor**d
4. direct**rice**   5. mad**ame**   6. m**er**ci
7. m**on**sieur   8. pard**on**   9. sal**ut**

• Exercice 5 🎧
1. a   2. e   3. f
4. h   5. i   6. j
7. k   8. o   9. q

• Exercice 6 🎧
1. [ ] c [X] s   2. [ ] e [X] i   3. [ ] d [X] t
4. [X] k [ ] q   5. [X] e [ ] o   6. [X] b [ ] p
7. [ ] m [X] n   8. [ ] g [X] j   9. [ ] e [X] u
10. [ ] l [X] r

• Exercice 7 🎧
1. [ ] é [X] ê   2. [X] d' [ ] c'   3. [ ] ê [X] î
4. [ ] ù [X] è   5. [X] ç [ ] c'   6. [X] à [ ] è
7. [X] é [ ] è   8. [X] ï [ ] ü   9. [X] t' [ ] d'

• Exercice 8 🎧
1. [X] chère   [ ] chéri   [ ] chers
2. [X] mis   [ ] mes   [ ] mus
3. [ ] cage   [X] sage   [ ] gage
4. [ ] pure   [ ] pire   [X] pile
5. [ ] nom   [X] mon   [ ] non
6. [X] coule   [ ] coure   [ ] courre
7. [ ] père   [X] péri   [ ] pêle
8. [ ] jouer   [ ] jour   [X] joueur
9. [ ] mare   [X] marre   [ ] narre

• Exercice 9 🎧
1. salut   2. bonjour   3. monsieur
4. asseyez   5. enchanté   6. merci
7. excusez   8. suis   9. directrice

• Exercice 10 🎧
1. Paris   2. Bordeaux   3. Lille
4. Marseille   5. Lyon   6. Strasbourg
7. Orléans   8. Besançon   9. Châteauroux

• Exercice 11 🎧
Dialogue 1 :
- Bonjour, monsieur.
- Bonjour, madame.
- Vous allez bien ?

Dialogue 2 :
- Ah, bonjour Madame Legrand, vous avez fait bon voyage ?
- Oui, merci.
- Comment allez-vous ?
- Bien, merci. Et vous ?

Dialogue 3 :
- Pardon, vous êtes Ali Medjahed ?
- Non, désolé.
- Excusez-moi.

Dialogue 4 :
- Bonjour, Madame Jovinac.
- Bonjour, monsieur.
- Asseyez-vous.

• Exercice 12
1 : un
0 : zéro
3 : trois
8 : huit
6 : six
5 : cinq
7 : sept
10 : dix

9 : neuf
4 : quatre
2 : deux

• Exercice 13

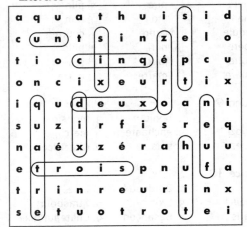

• Exercice 14

1. un + trois = quatre
2. deux + deux = quatre
3. cinq – trois = deux
4. quatre + quatre = huit
5. sept + trois = dix
6. six – six = zéro
7. neuf – deux = sept
8. huit + un = neuf
9. dix – cinq = cinq
10. deux + six = huit

• Exercice 15

un   cinq   zéro   quatre   neuf

trois   six   huit   dix   sept

• Exercice 17

1. ☐ Ça va ?   ☒ Ça va.
2. ☒ Julien ?   ☐ Julien.
3. ☒ D'accord ?   ☐ D'accord.
4. ☐ À demain ?   ☒ À demain.
5. ☒ Monsieur ?   ☐ Monsieur.
6. ☐ Trois ?   ☒ Trois.
7. ☒ Paris ?   ☐ Paris.
8. ☐ Oui ?   ☒ Oui.

• Exercice 18

1. ☒ bas   ☐ boit   ☐ bout
2. ☒ far   ☐ foire   ☒ four
3. ☐ ma   ☒ moi   ☐ mou
4. ☐ par   ☒ poire   ☐ pour
5. ☐ passe   ☐ poisse   ☒ pousse
6. ☐ sa   ☒ soi   ☐ sous
7. ☒ chat   ☐ choix   ☐ choux

• Exercice 19

1. ☐ bar   ☒ boire
2. ☒ cale   ☐ coule
3. ☒ roi   ☐ roux
4. ☒ cape   ☐ coupe
5. ☐ lâche   ☒ louche
6. ☒ noix   ☐ nous
7. ☐ rage   ☒ rouge
8. ☐ soir   ☒ sourd
9. ☒ tasse   ☐ tousse

• Exercice 20

1. toit - ta - tout
2. poil - pale - poule
3. vas - vois - vous
4. bourg - bar - boire
5. poisson - passons - poussons
6. choir - chourre - char
7. far - foire - fourre

• Exercice 21

1. parloir   2. vouloir   3. nougat
4. partout   5. mouchoir   6. pourboire
7. rasoir   8. couloir   9. nounours
10. pouvoir

• Exercice 22

le Luxembourg → n° 7   l'Espagne → n° 3
la Grande-Bretagne → n° 5   l'Allemagne → n° 1
le Portugal → n° 9   la Suisse → n° 10
la France → n° 4   la Belgique → n° 2
l'Italie → n° 6   les Pays-Bas → n° 8

Unité 2 pages 11 à 17 : Rencontres !

• Exercice 1

Norma : Je suis mexicaine. J'habite à Toluca. J'ai 30 ans.
Paola : Je suis de Milan. J'apprends le français au lycée.
Saïd : Moi, je m'appelle Saïd et j'habite à Rabat.
Marek : Moi, c'est Marek. J'habite et je travaille à Berlin mais je suis polonais. J'ai 36 ans. Je suis né le 3 mai 1968.

• Exercice 2

1	2	3	4	5	6
d	a	f	b	e	c

• Exercice 3 🎧

	vrai	faux	?	
Mathias est allemand.	x			
Mathias a 33 ans.		x		Mathias a 23 ans.
Mathias est très sympa.		x		
Zohra est tunisienne.		x		Zohra est algérienne.

• Exercice 4

1. - **Tu** habites où ?
   - À Paris, et toi ?

2. - Saïd est algérien ?
   - Non, **il** est marocain.
   - Et Malika ?
   - Elle, **elle** est algérienne.

3. - J'ai 36 ans. Et toi, **tu** as quel âge ?
   - 32 ans !

4. - **Elle** apprend le français, Paola ?
   - Oui, et **elle** aime la France !

5. - **Il** est de Berlin, Marek ?
   - Non, **il** travaille à Berlin mais **il** est polonais.

• Exercice 5

	féminin = masculin à l'oral 💬	féminin = masculin à l'écrit ✏️
portugais	non	non
espagnol	oui	non
marocain	non	non
belge	oui	oui
chinois	non	non
allemand	non	non
mexicain	non	non
australien	non	non

• Exercice 6 🎧

1. Copacabana est une plage brésilienne.
2. Le steak-frites, c'est français !
3. Le porto est un vin portugais.
4. Philippe adore le footballeur anglais David Beckham.
5. Ornella Mutti est une belle actrice italienne.
6. Dalaras ? C'est un chanteur grec.

• Exercice 7

17 : dix-sept
33 : trente-trois
21 : vingt et un
48 : quarante-huit
50 : cinquante
69 : soixante-neuf

onze : 11
trente-six : 36
cinquante-deux : 52
vingt-huit : 28
quarante et un : 41
soixante-sept : 67

• Exercice 8 🎧

Bonjour, Service information de la mairie de Nantes.
Notez bien les numéros utiles :
Pompiers : 08 33 36 48 50
Police : 01 44 41 40 45
SOS Médecins : 02 40 40 30 30
Taxis : 05 50 52 50 51
SNCF : 03 30 36 57 12

• Exercice 9

Proposition de corrigé
Je m'appelle Nora. J'ai 36 ans. Je suis marocaine.
J'habite à Marrakech.

• Exercice 10 🎧

Nom : Picacci
Prénom : **Franco**
Né(e) le : 22/03/1977 à **Rome**
Nationalité : **italienne**
Adresse : **12**, rue Condotti, Naples.

• Exercice 11

	être	avoir	s'appeler	travailler
je / j'	suis	ai	m'appelle	travaille
tu	es	as	t'appelles	travailles
il – elle	est	a	s'appelle	travaille
vous	êtes	avez	vous appelez	travaillez

• Exercice 12

- Bonjour ! Je m'appelle Diana. Et toi, tu **t'appelles** comment ?
- Axel. **J'ai** 22 ans, et toi ?
- Moi, 24 ans.
- Tu **es** anglaise, Diana ?
- Non, non. Je **suis** canadienne. J'**habite** à Ottawa mais **j'apprends** le français à Paris. Toi, tu es français ?
- Oui, oui. Je **suis** de Paris.

• Exercice 13

Proposition de corrigé
Pierre Dupont est français. Il a 38 ans et il habite à Lyon.
C'est Katja Ritz. Elle travaille à Stuttgart. Elle est allemande. Elle a 21 ans.

• Exercice 14

le → numéro de téléphone   prénom   français

la →	France	nationalité	
l' →	université	adresse	âge
les →	dialogues	noms	fiches

• Exercice 15

1. - **Tu t'appelles comment ?**
   - Pierre François.
2. - **Tu habites où ?**
   - À Marseille.
3. - **Tu as quel âge ?**
   - 32 ans, et toi ?
4. - **Quelle est ton adresse électronique ?**
   - popi@club-internet.fr
5. - **Quel est ton numéro de téléphone ?**
   - C'est le 01 44 42 30 38.

• Exercice 16

A

Nom :	Adriana Orcetta	Luca Disegni
Âge :	31 ans	20 ans
Nationalité :	argentine	italien
Adresse électronique :	adluc@conquis.ar	iboc@libero.it
Téléphone :	(54) 11 26 55 22 01	(39) 06 56 74 062

B

Nom :	Naoko Kawasami	Jallal Benali
Âge :	40 ans	26 ans
Nationalité :	japonaise	libanais
Adresse électronique :	nkawasami@nifty.ne.jp	jbenali@mamon.lb
Téléphone :	(81) 6 63 91 73 59	(961) 1 420 142

• Exercice 19 🎧

	1er mot	2e mot
1		X
2	X	
3	X	
4		X
5		X
6	X	

• Exercice 20

	un homme	une femme	on ne sait pas ?
1. Je suis turc.	X		
2. Je suis bulgare.			X
3. Je suis grecque.		X	
4. Je suis finlandais.	X		
5. Je suis roumaine.		X	
6. Je suis belge.			X
7. Je suis espagnole.		X	
8. Je suis danois.	X		

• Exercice 21

a)

1. Angleterre	2. France	3. Turquie
4. Hongrie	5. Espagne	

b)

1. Athènes	2. Vienne	3. Varsovie
4. Bruxelles	5. Lisbonne	

Unité 3 pages 18 à 25 : 100% questions

• Exercice 1

1. Non, je n'habite pas à Angers.
2. Si, j'aime bien le ski !
3. Non, Anke ne travaille pas à Berlin.
4. Luigi a 26 ans, il n'a pas 28 ans.
5. Si, je suis marié et j'ai deux enfants.
6. Vincent n'aime pas la pluie mais il adore les vacances !

• Exercice 2

(9) Hé ! Bonjour !
(3) Salut.
(5) Ça va bien ?
(4) Ben oui, ça va. Et toi ?
(1) Moi, ça va bien. Excuse-moi mais, tu n'es pas française, si ?
(7) Non, c'est vrai. Je suis italienne. J'ai un accent ?
(10) Oui, mais c'est joli l'accent italien. Et... tu t'appelles comment ?
(6) Julia. Et toi ?
(2) Théo. J'ai 21 ans et j'apprends l'espagnol.
(11) Moi aussi, j'apprends l'espagnol et le français à l'université.
(8) Super, on va être ensemble !

• Exercice 3

Proposition de corrigé

1. Oui, j'adore la musique. J'aime beaucoup le rock.
2. Si, j'adore le théâtre !
3. Ah ! non, je déteste le cinéma mais j'aime bien la télévision.
4. Non, j'ai horreur du sport.
5. Oui, j'aime bien les voyages. J'adore les vacances.
6. J'aime beaucoup le français et j'adore la France !

• Exercice 4

1. Non, je ne suis pas violoniste, je suis pianiste.
2. Non, il ne s'appelle pas Bob, il s'appelle Jim.
3. Non, ma famille n'habite pas à Rabat, elle habite à Casablanca.
4. Non, je n'ai pas 30 ans, j'ai 29 ans.
5. Non, je n'aime pas le rugby, j'aime le football.

6. Non, je ne suis pas marié(e), je suis célibataire.

• Exercice 5
Dessin a : Elle fait du violoncelle.
Dessin b : Il fait de la trompette.
Dessin c : Il fait de la guitare.
Dessin d : Elle fait du piano.
Dessin e : Il fait de la natation.
Dessin f : Il fait du rugby.
Dessin g : Elle fait de la danse.
Dessin h : Il fait du basket-ball.

• Exercice 6
1. Jim, tu as son **numéro de téléphone** ?
2. Et toi, quel est ton **âge** ?
3. Moi, j'adore ma **famille** !
4. Ses **enfants** sont à l'école.
5. Mon **amie** Éva habite à Arras.
6. Il est sympa son **voisin** ?

• Exercice 7
1. **C'est** mon ami Luigi. **Il est** italien et **il est** étudiant en français.
2. **C'est** un informaticien de 30 ans et **c'est** l'ami de Ludivine.
3. **Il est** colombien. **Il est** né à Bogota et il habite à Cali.
4. **C'est** Markus. **C'est** mon ami de Berlin. **Il est** professeur à l'université Humboldt.
5. **C'est** ton ami ? Oui. **C'est** Patrick. **Il est** marié avec Marie.

• Exercice 8
1. votre   2. mon   3. Vos   4. ses   5. mon

• Exercice 9
1. - Vous avez **votre** passeport, s'il vous plaît ?
   - Euh… **Mon** passeport ? Oui… Voilà !

2. - Et toi, quel est **ton** sport préféré ?
   - Moi, je fais du tennis et **mes** deux frères font du tennis de table.

3. - **Ma** nationalité ? Française. Je suis française. Et toi ?
   - **Mon** prénom est espagnol mais je suis italienne.

4. - Emma aime le cinéma et **sa** famille. Et toi ?
   - Moi, j'aime **mes** enfants, **ma** famille et aussi **mon** petit chien, *Duc*.

• Exercice 10

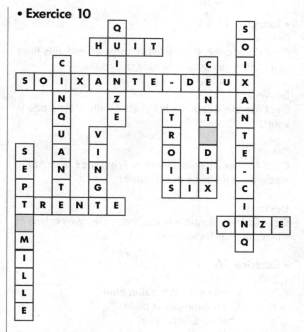

• Exercice 11
Mille cinq cent quinze : 1515
Mille neuf cent trente-six : 1936
Mille quatre cent quatre-vingt-douze : 1492
Mille douze : 1012

1789 : mille sept cent quatre-vingt-neuf
1945 : mille neuf cent quarante-cinq
1998 : mille neuf cent quatre-vingt-dix-huit
2001 : deux mille un

• Exercice 12 🎧
1. 10 h 45   2. 18 h 26   3. 12 h 50
4. 8 h 30   5. 13 h 55

• Exercice 13 🎧
la trompette < le violoncelle < la guitare < le violon < le piano

• Exercice 14
1. Le rap, c'est vraiment bien ! ☒ **adore**
2. Les films italiens ? Ouais, j'aime bien… ☒ **aime bien**
3. Beurk ! C'est pas bon ! ☒ **déteste**
4. Pour moi, le jazz, c'est ex-tra-or-di-naire ! ☒ **adore**
5. Pas ce CD, il est nul ! ☒ **déteste**
6. Si, j'aime la pizza. Pas de problème ! ☒ **aime bien**

Corrigés

• Exercice 15 🎧

Dessin 1
C'est Christophe. Il aime les voitures et les jolies filles et il n'aime pas le cinéma et la télévision.

Dessin 2
C'est Marina. Elle aime les chats et elle n'aime pas le sport.

Dessin 3
C'est Antoine. Il aime danser et écouter de la musique moderne et il n'aime pas travailler.

Dessin 4
C'est Carine. Elle aime le cyclisme et les gros chiens et elle n'aime pas les voitures.

• Exercice 16

1. b.   C'est ton ami ?
2. f.   Quelle est votre nationalité ?
3. h.   Elle n'aime pas la pluie.
4. g.   J'habite à Bordeaux.
5. a.   Tu t'appelles comment ?
6. e.   Elle s'appelle Emma.
7. d.   Elle a quel âge, Maria ?
8. c.   Il ne va pas à Paris aujourd'hui.

• Exercice 17

1. on   2. il   3. on   4. Elle   5. On   6. il

• Exercice 18

je / il, elle, on	tu
adore	aimes
travaille	t'appelles
déteste	es
rencontre	travailles
habite	as

• Exercice 19

1	2	3	4	5	6
f	d	a	l	b	c

• Exercice 20

	je/j'	tu	il, elle, on
aimer	aime	aimes	aime
avoir	ai	as	a
habiter	habite	habites	habite
être	suis	es	est
s'appeler	m'appelle	t'appelles	s'appelle
faire	fais	fais	fait

• Exercice 21

1. France 2 est une **chaîne** de la télévision française.

2. On peut regarder des **émissions** culturelles, des jeux…
3. On aime le cinéma, alors on regarde des **films**.
4. Ce soir, je regarde le **documentaire** sur l'Himalaya.
5. Thalassa est le **magazine** de la mer.
6. Moi, j'aime les chansons ; je regarde les émissions de **variétés**.

MODULE 2 | *Echanger*

Unité 4 pages 26 à 33 : Enquête

• Exercice 1 🎧

h	f	g	i	b	e	c	k	a	l	d	j

• Exercice 2 : proposition de corrigé

- Je fête mon anniversaire au mois d'août.
- On fête Noël au mois de décembre.
- Moi, je vais en vacances en juillet.
- Au mois de janvier, je fais du ski dans les Alpes.
- Je fais un cadeau à mes parents au mois de juin.
- En novembre, j'envoie une carte postale à mon amie.
- …

• Exercice 3

1. - Nous allons au cinéma, ce soir ?
   - Oh ! Oui, bonne idée ! **On** va au cinéma et après, au restaurant !

2. - Fanny va aller au concert avec vous ?
   - Non, **elle** ne peut pas, ses parents ne sont pas d'accord.
   - Ah ? **Ils** ne veulent pas ?

3. - Un petit café, Élise ?
   - Non merci, **je** ne veux pas de café.

4. - **Je** peux vous poser une question, s'il vous plaît ?
   - Oui, **vous** pouvez…

5. - **Tu** vas où ?
   - **Je** vais à Bordeaux pour mon travail.

6. - Il y a du tennis à la télévision. Vous aimez le tennis ? **On** regarde ?
   - Euh… **Nous** n'aimons pas beaucoup le tennis. **On** peut regarder un film ?

• Exercice 4

	aller	pouvoir	vouloir
Pierre	**va**	peut	**veut**
Je	vais	**peux**	veux

ils	**vont**	**peuvent**	**veulent**
tu	**vas**	peux	**veux**
nous	allons	**pouvons**	**voulons**
on	**va**	**peut**	veut
vous	allez	**pouvez**	**voulez**

• Exercice 5
1. Tu vas bien écouter…
2. Allez au café Prune.
3. Je voudrais répondre, s'il te plaît !
4. Vous pourriez m'aider, s'il vous plaît ?
5. Vous pourriez épeler, s'il vous plaît ?
6. Tu veux bien répéter ta question, s'il te plaît ?

• Exercice 6

	demande poliment	demande à quelqu'un de faire quelque chose
1		Tu vas bien écouter…
2	Vous pourriez m'aider, s'il vous plaît ?	
3	Je voudrais répondre, s'il te plaît.	
4		Allez au café Prune.
5	Vous pourriez épeler, s'il vous plaît ?	
6	Tu veux bien répéter ta question, s'il te plaît ?	

• Exercice 7

1	2	3	4	5	6
f	a	d	b	c	e

• Exercice 8
1. Écoute ce CD !
2. Regardez mon exercice, s'il vous plaît !
3. Téléphonez à Marie, s'il vous plaît !
4. Mange !
5. Aide Céline, s'il te plaît !

• Exercice 9
a)
1. Je ne vais pas aller à l'école.
2. Vous allez m'envoyer un message ?
3. On va faire une promenade en bateau-mouche sur la Seine.
4. Elle va apprendre le français à l'université.

b)
1. Le train va arriver à 18 h 40 à Brest.
2. Vous allez pouvoir téléphoner à Flora ?
3. On ne va pas aller en France en 2005.
4. Ils vont habiter à Sydney l'année prochaine.

• Exercice 10
1. Non, je ne vais pas visiter Amsterdam.
2. Oui, de la natation et du piano.
3. Non, on ne va pas dîner ; on a beaucoup de travail.
4. Oui, elle va étudier à Florence.

• Exercice 11

1	2	3	4	5	6
c	e	a	b	f	d

• Exercice 12

Je m'appelle Elisa. Je suis espagnole et j'habite en Italie, à Milan. J'apprends l'italien et le français à l'université. J'ai des amis italiens, français et aussi marocains ou algériens. Mon université est très belle et le travail est intéressant.

J'adore l'Italie mais je suis heureuse quand je rentre en Espagne pour voir ma famille et

mes amis. Dans la vie, j'aime le sport, le cinéma et les animaux. J'adore les enfants. Je déteste les émissions de variétés à la télévision et je n'aime pas du tout avoir froid…

• Exercice 14

	1er mot	2e mot
1	X	
2		X
3	X	
4	X	
5		X
6		X

• Exercice 15

Corrigés

• Exercice 16

le musée	le quartier	les adresses
les coupables	le répondeur	la boulangère
le message		
une bise	une question	des réponses
une boutique	une carte postale	des nouvelles
un magasin		

• Exercice 17

1. Boulevard Saint-Germain, il y a **une librairie**.
2. Il y a **des émissions** de variétés ce soir à la télévision.
3. Il y a **des messages** sur mon répondeur.
4. Dans ma classe, il y a **un Mexicain** et **une Colombienne**.
5. Il y a **un cadeau** pour toi.
6. Il y a **des châteaux** en France.

• Exercice 18 🎧

C'est génial, Paris. J'adore **l'**Île Saint-Louis et **les** petits cafés du Marais. J'ai mangé dans **un** restaurant chinois dans **le** quartier de l'Hôtel de Ville et j'ai visité **le** magnifique musée d'Orsay. J'ai photographié **les** bateaux-mouches sur **la** Seine et demain, je vais voir **les** grands magasins sur **les** grands boulevards. Maintenant, je vais envoyer **une** carte postale à mes parents et **des** lettres à Flora et à mes amis.

• Exercice 19

a) 1. des amies   2. les numéros   3. les amies
   4. des tickets   5. des cybercafés

b) 1. l'adresse   2. un ami   3. le billet d'avion
   4. l'enfant   5. une carte postale

• Exercice 20

1. Vous avez visité
2. j'ai parlé
3. nous avons mangé
4. Tu as pensé
5. On a écouté
6. Lucie a aimé
7. Nous avons regardé
8. Jean a téléphoné

• Exercice 21 : proposition de corrigé

1. - Alors, tu vas à Rome ?
   - Oui. J'ai mon billet d'avion.
   - Tu vas m'envoyer une carte ?
   - Oui, **c'est sûr** !

2. - Je vais à Paris au mois de juillet.
   - Oh ! **Tu as de la chance** !
   - Eh oui.

3. - Regarde. J'ai une photo de Zazie.
   - Oh, **c'est génial** ! Tu as de la chance !

• Exercice 22

1. janvier   2. février   3. mars
4. mai   5. juin   6. juin
7. juillet   8. septembre

• Exercice 23

a)
En mars quand il fait beau, → prends ton manteau.
Juin bien fleuri, → vrai paradis.
En mai, → fais ce qu'il te plaît.
Pluie de juillet, → eau en janvier.
En avril, → ne te découvre pas d'un fil.
À la Saint Séverin, → la neige est en chemin.
Juillet sans orage, → famine au village.
Un mois de janvier sans gelée, → n'amène pas une bonne année.

b)
a. Juin bien fleuri, vrai paradis.
b. En avril, ne te découvre pas d'un fil.
c. Pluie de juillet, eau en janvier.
d. À la Saint Séverin, la neige est en chemin.

Unité 5 pages 34 à 43 : Invitations

• Exercice 1

1. Je ne **suis** pas français.
2. Vous **avez** des questions ?
3. Marie **a** 17 ans.
4. Les enfants **sont** à l'école, ce matin.
5. Nous **avons** de la chance : il fait beau.
6. Vous **êtes** fatiguée ?
7. Tu **as** du jus de fruit ?
8. Elles **ont** soif.

• Exercice 2

1. Excusez-moi, vous **êtes** français ?
2. Eh ! Marielle, il **est** 10 heures !
3. Excuse-moi, tu **as** un euro, s'il te plaît ?
4. Oh là là, nous **sommes** fatigués !
5. Tu **as** de la chance !
6. Elles **sont** étudiantes ?
7. Ils **ont** envie d'aller au restaurant *La Louisiane*.

• Exercice 3

1. [~~vas~~ / viens]
2. [~~aller~~ / venir] / [vais / ~~viens~~]
3. [~~allez~~ / venez]
4. [va / ~~vient~~]
5. [vais / ~~viens~~]
6. [~~va~~ / vient]

• Exercice 4

1. nous allons / Vous venez
2. tu viens
3. Les enfants vont
4. Ils viennent
5. ils vont
6. Amélie ne vient pas
7. tu vas

• Exercice 5

1. Je **vais** à Strasbourg. Tu veux **venir** ?
2. À quelle heure il **vient** ?
3. Vous **venez** de quelle ville ?
4. - On **va** où ?
5. je **vais** au théâtre avec Thomas.
6. - Bon, alors, tu **viens** ?

• Exercice 6

1. avec toi   avec moi
2. chez des amis
3. avec vous
4. chez Alexandra

• Exercice 7

1. il peut dormir chez **eux**.
2. je vais venir avec **lui** demain matin.
3. Oui, je vais chez **elle** vendredi matin.
4. Oui, je vais travailler avec **elles** mercredi matin.
5. Non, on va chez **lui** !

• Exercice 8

1 – c   2 – **g**   3 – **e**   4 – **f**   5 – **b**   6 – **a**   7 – **d**

• Exercice 9 : proposition de corrigé

1. Paul vient au cinéma **avec nous** ?
2. Halim n'est pas **chez lui**. Il est au bureau.
3. Laure et Karine vont faire de la natation, ce soir. Tu vas **avec elles** ?
4. On se retrouve **chez vous** ou au cinéma ?
5. Oui, Ali est **avec moi**.
6. Non, on va **chez toi**.

• Exercice 10

| 7 h 45 | = huit heures moins le quart |
| ou | = sept heures quarante-cinq |

| 11 h 30 | = onze heures et demie |
| ou | = onze heures trente |

| 12 h 15 | = midi et quart |
| ou | = midi quinze |

| 14 h 10 | = deux heures dix |
| ou | = quatorze heures dix |

| 18 h 20 | = six heures vingt |
| ou | = dix-huit heures vingt |

| 23 h 50 | = minuit moins dix |
| ou | = vingt-trois heures cinquante |

• Exercice 11

1. 11 h 40   2. 11 h 50   3. 5 h 45
4. 22 h 15   5. 00 h 30   6. 14 heures
7. 17 h 27

• Exercice 12

1. onze heures et quart
2. treize heures trente
3. une heure moins le quart
4. dix heures dix
5. neuf heures quarante
6. midi moins vingt
7. dix-huit heures
8. minuit et demie

• Exercice 13

1. vingt heures quarante
2. huit heures
3. quatre heures et demie
4. huit heures moins le quart
5. dix-huit heures cinquante
6. midi et demie.
7. seize heures.

• Exercice 14

trois heures moins le quart

midi et quart

neuf heures moins dix

une heure vingt

onze heures vingt-cinq

• Exercice 15

1. Je vais faire du ski au mois de février / en février.
2. Marina veut faire une fête chez elle le 17 mai.
3. Vous pouvez venir lundi ?
4. Mon avion arrive à Osaka à 10 h 15.

5. Ils vont se marier le samedi 4 août.
6. J'ai des examens en juin / au mois de juin.
7. On va chez Caroline dimanche.
8. Ömür est arrivé en France le 18 octobre 2001.

• Exercice 16 🎧
1. Date : samedi après-midi   Heure : 17 h 20
2. Heure : 14 h 40
3. Date : 27 mars   Heure : 6 h 30
4. Date : 18 octobre   Heures : 16 h 50 – 19 h 30
5. Heure : 8 h 30 – 18 h 30
6. Date : 17 au 30 janvier

• Exercice 17
À l'aéroport...

Heure	Vol n°	Destination	Terminal
15 h 15	KL 1240	Amsterdam	1
15 h 20	KE 835	Séoul	2C
15 h 40	AY 874	Helsinki	2D
15 h 40	AF 1798	Helsinki	2D
15 h 55	AF 1110	Hambourg	2F
16 h 05	CA 950	Shanghai Pu Dong	1
16 h 25	LH 5737	Francfort	2E
16 h 50	IB 1245	Madrid	1
17 h 25	CO 10	Miami	2C
17 h 50	GN 648	Libreville	1
19 h 25	AF 1262	Stockholm Arland	2F
19 h 35	NW 8350	Amsterdam	1
20 h 10	SU 911	Moscou	1

• Exercice 18 🎧
MARDI 13
Semaine 10
7 heures ....
8 heures Rendez-vous avec Carole
9 heures ....
10 heures Rendez-vous avec M. Grandet
11 heures ....
12 h 30 Déjeuner
13 heures ....
14 h 30 Retour bureau
15 heures Rendez-vous avec Frédéric
16 heures ....
17 heures Taxi ⟶ aéroport
18 heures ....
19 h 30 Avion pour Montréal
20 heures ....

• Exercice 19 : proposition de corrigé
L'assistante :   Cabinet du Docteur Loury. Bonjour.
Mme Raynaud :   **Oui, bonjour. Je voudrais un rendez-vous avec le Docteur Loury, s'il vous plaît.**
L'assistante :   Oui, quel jour ?

Mme Raynaud :   **Euh ... Je ne sais pas ... Demain, c'est possible ?**
L'assistante :   Demain, à 14 h 30 ?
Mme Raynaud :   **Non, je ne peux pas à 14 h 30.**
L'assistante :   Ah, le matin ?
Mme Raynaud :   **Oui.**
L'assistante :   Alors, à 10 h 30 ? Ça va ?
Mme Raynaud :   **Oui, très bien. C'est parfait.**
L'assistante :   Bon, alors, demain, mardi, à 10 h 30, vous êtes Madame ?
Mme Raynaud :   **Raynaud. Madame Raynaud.**
L'assistante :   Bien, c'est noté Madame Raynaud.
Mme Raynaud :   **Je vous remercie. Au revoir.**
L'assistante :   Au revoir, Madame Raynaud.

• Exercice 20

Messages	numéros de téléphone	heures d'appel	informations
1	02 47 39 19 78	9 h 35	Téléphoner à Isabelle avant midi
2	06 72 32 57 74	10 h 30	Invitation cinéma avec Aurélie et Vincent
3	02 47 39 19 78	11 h 55	Isabelle va téléphoner plus tard
4	06 83 79 10 25	13 h 52	Rendez-vous café de la poste avec Vincent et Aurélie
5	02 47 39 19 78	17 h 55	Organisation du week-end prochain

• Exercice 21
1. Comment est-ce qu'il s'appelle ?
2. À quelle heure est-ce que nous arrivons ?
3. Est-ce que Mathilde est mariée ?
4. Est-ce que tu veux venir chez moi ?
5. Où est-ce qu'on peut aller ?
6. Quand est-ce que tu vas à Lyon ?
7. Où est-ce qu'on va manger ?

• Exercice 22
1. On arrive à quelle heure ?
2. Il est français ?
3. Vous vous appelez comment ?
4. Véronique est malade ?
5. On se retrouve où ?
6. Tu connais Marco ?
7. Tu vas voir Marielle quand ?

• Exercice 23 : proposition de corrigé

1. - Il est espagnol ? ou Est-ce qu'il est espagnol ?
2. - Tu vas où ? ou Où est-ce que tu vas ?
3. - Tu pars quand ? ou Quand est-ce que tu pars ?
4. - Vous fermez à quelle heure ? ou À quelle heure est-ce que vous fermez ?
5. - Elle vient ? ou Est-ce qu'elle vient ?
6. - Vous voulez deux cafés ? ou Est-ce que vous voulez deux cafés

• Exercice 24 : proposition de corrigé

- Oui, allo !
- Salut Alexandra, ça va ?
- Oh, Isabelle ! Oui, ça va, et toi ?
- Pas mal. Tu fais quoi samedi soir ?
- Rien. Tu veux venir chez moi ? On mange ensemble et on va au cinéma. Ça marche ?
- Bah, non. Ça te dirait d'aller à la patinoire avec Léa ?
- Euh … Avec Léa ?
- Oui. Allez … C'est d'accord ?
- Oui, pourquoi pas. Ça marche. On se retrouve où ?
- À la patinoire, à neuf heures.
- D'accord. Bisous.
- Tchao ! À samedi.

• Exercice 25 : proposition de corrigé

1. - Samedi, il y a un concert de Frandol au Bataclan. Ça te dit ?
   - Oh, non. Ça ne me dit rien. Je n'aime pas beaucoup ses chansons.
2. - Oh ! J'ai faim mais je n'ai pas d'argent.
   - Allez ! Je t'invite.
   - C'est sympa, merci.
3. - Ah, j'aime bien le Trois-mâts. La musique est sympa.
   - Oh ! Non, c'est insupportable. Les gens fument beaucoup.
4. - Allo ? Tu n'es pas là ? Bon, on mange ensemble avant d'aller au cinéma ? On se retrouve où ? À quelle heure ?

• Exercice 26 : proposition de corrigé

Lille, le 12 juin
Salut Arnaud
Merci pour ton message. Tu ne peux pas venir en juillet. Je suis désolé, je vais en vacances à Angers. Est-ce que tu peux venir en août ?
À bientôt,
Thomas

• Exercice 27 : proposition de corrigé
Réponse positive :

Mathilde et Éric Delabrière
4, rue de la rivière
76800 Darnétal

Darnétal, le 28 mai 2004
Cher Claude,

Nous vous remercions de votre invitation. Mathilde et moi allons venir au pique-nique, le 17 juin. Les enfants ne peuvent pas venir. Ils partent en vacances.

Est-ce que nous devons apporter quelque chose ?

À bientôt,

Mathilde et Éric

Réponse négative :

Salut Adrien,
Merci de ton invitation. C'est une bonne idée, une fête surprise ! Julie va être contente.
Je suis désolée mais je ne peux pas venir. Le 17 juin, je ne suis pas libre. Je dois aller à Marseille pour mon travail.
À bientôt,
Zahia

• Exercice 28
Message de Camille
Cher Sébastien,
Je fais une petite fête le 14 avec Valérie, Audrey, François et les autres. Ça te dirait de venir ? Est-ce que tu peux apporter quelque chose à manger et quelque chose à boire ? Ah, oui, c'est une soirée déguisée et le thème est : Victor Hugo (tu peux venir en Quasimodo !).
J'espère que tu vas venir,
Bises,
Camille

Message de Sébastien
Chère Camille,
Merci pour ton invitation pour le 14.
Pas de problème, je viens.
Je veux bien me déguiser en Quasimodo, si toi tu es Esmeralda !
J'apporte un jus de pomme et un gâteau au chocolat, ça va ?
Mais il habite où, François ?
Est-ce qu'il y a un bus le soir ?
Bises,
Sébastien

• Exercice 29 : proposition de corrigé

1. - Tu fais quoi ce week-end ?
   - Je pense que je vais aller voir mes parents.

2. - Léa n'est pas venue à l'école ce matin ?
   - Ah, bon ! J'espère qu'elle va bien.

3. - C'est un bon film, non ?
   - Je pense que c'est un film intéressant.

4. - Julie va partir trois mois au Cameroun.
   - J'espère qu'elle va nous envoyer des cartes postales

• Exercice 30
1. Tu sais
2. Vous connaissez
3. Vous savez
4. tu connais
5. Il ne connaît pas
6. Dominique ne sait pas
7. Madame Lebrun ne va pas connaître

• Exercice 31
1. Tu sais que le téléphone ne marche pas ?
2. Vous savez à quelle heure le vol AF 425 arrive de Montréal ?
3. Il sait que le directeur n'est pas content.
4. Je ne sais pas où il va dormir.
5. Est-ce que ta mère sait que tu vas partir en Australie ?
6. Vous savez comment elle s'appelle ?
7. On ne sait pas quand on va partir.

• Exercice 32
1. nous ne savons / il est.
2. On va / Vous venez
3. Ils connaissent / ils ont
4. Elles sont / elles ne savent pas / elles peuvent
5. Nous ne connaissons pas / Nous sommes

• Exercice 33 🎧
1. Tu sais qu'elles sont malades.
2. Il y a des œufs dans le frigo.
3. Tu vas venir avec nous, d'accord ?
4. Il ne sait pas quand ses amis vont partir à Bordeaux.
5. Monsieur Dupont apprend le chinois dans un institut.

• Exercice 34 🎧

	1	2	3	4	5	6	7	8
[ʃ] (chercher)	X	☐	☐	X	☐	☐	X	X
[ʒ] (jouer)	☐	X	X	☐	X	X	☐	☐

• Exercice 35
À l'affiche...

Mer 17	Théâtre	**La petite cuisine** - Théâtre Juin - 19 h 30
	Danse	**Ballet de Zagreb** - Centre de danse contemporaine - 20 h 30
Jeu 18	Théâtre	**La petite cuisine** - Théâtre Juin - 19 h 30
	Jazz	**Quintette Tom Harrell** - Grand théâtre - 20 h 30
	Théâtre	**Je sais qu'elle m'aime** - Théâtre du Marais - 20 h 30

Ven 19	Enfants	**Oh là là, quelle histoire !** - Théâtre de la ville - 18 h 30
	Théâtre	**Je sais qu'elle m'aime** - Théâtre du marais - 20 h 30
	Chanson	**Corinne** - Le Chabada - 21 heures
Sam 20	Théâtre	**Minuit moins le quart** - Théâtre du marais - 20 h 30
	Opéra	**Carmen** - Grand théâtre - 20 h 30
	Chanson	**Alexis HK** - Le Chabada - 21 heures
	Rock	**Wampas** - L'Okapi - 21 heures

Unité 6 pages 44 à 51 : À table !

• Exercice 1
Les Français adorent **le steack-frites,** alors que les Italiens préfèrent **les pâtes.**
Les Espagnols mangent beaucoup **d'amuse-gueules** dans les bars à tapas.
Les Allemands mangent souvent des **en-cas** dans la rue et les Belges se régalent avec **les frites.**
Les Français boivent beaucoup **de vin,** alors que les Allemands préfèrent **la bière.**
Partout, on aime se régaler avec **la cuisine** étrangère.

• Exercice 2
1. ~~cuisine~~   2. ~~pâtes~~   3. ~~frites~~   4. ~~steak-frites~~

• Exercice 3

	apprendre	manger	choisir
je / j'	apprends	**mange**	**choisis**
tu	**apprends**	**manges**	choisis
il / elle / on	**apprend**	**mange**	**choisit**
nous	**apprenons**	mangeons	**choisissons**
vous	apprenez	**mangez**	**choisissez**
ils / elles	**apprennent**	mangent	**choisissent**

	entendre	boire	comprendre
je / j'	**entends**	**bois**	comprends
tu	**entends**	**bois**	**comprends**
il / elle / on	entend	**boit**	**comprend**
nous	**entendons**	**buvons**	**comrpenons**
vous	**entendez**	**buvez**	**comprenez**
ils / elles	**entendent**	boivent	**comprennen t**

	lire
je / j'	**lis**
tu	lis
il / elle / on	**lit**
nous	lisons
vous	**lisez**
ils / elles	**lisent**

• Exercice 4

1. Quand est-ce que vous partez à Londres ?
2. Comment est-ce que tu vas à la piscine ?
3. Où est-ce qu'il habite, Louis ?
4. Bon, qu'est-ce qu'on fait ce soir ?
5. À quelle heure est-ce que tu pars vendredi ?
6. Qu'est-ce que tu prends, de la viande ou du poisson ?
7. Où est-ce que vous allez en vacances ?
8. Qu'est-ce qu'elle a dit, ta mère ?

• Exercice 5 : proposition de corrigé

1. Qu'est-ce que tu aimes ?
2. Qu'est-ce que tu vas faire ce soir ?
3. Qu'est-ce que vous prenez ?
4. Qu'est-ce que vous allez voir au cinéma ?
5. Qu'est-ce que vous détestez ?

• Exercice 6 🎧

Critiques positives : nos 1, 3, 4, 6
Critiques négatives : nos 2, 5

• Exercice 7 : proposition de corrigé

1. Moi, j'adore passer beaucoup de temps au restaurant.
2. J'aime beaucoup manger dans les bars, c'est sympa.
3. Ah, non ! Je déteste le poisson !
4. À mon avis, il faut boire beaucoup de café. C'est bon pour la santé.
5. Moi, j'ai horreur de manger dans la rue.
6. Je pense que c'est très mauvais de boire du vin.

• Exercice 8 : proposition de corrigé

1. Dans ma classe, il y a 18 étudiants.
2. Il y a 4 enfants dans ma famille
3. Dans ma ville, il y a 1 million d'habitants.
4. Cette année, il y a 366 jours.
5. En général, je lis quatre livres par mois.

• Exercice 9

1. - Vous êtes combien d'enfants dans ta famille ?
2. - Tu as combien ?
3. - Combien de steak-frites est-ce que vous voulez ?
4. - Il gagne combien, ton père ?
5. - C'est combien la bouteille de champagne ?
6. - Tu as combien de bouteilles de champagne ?

• Exercice 10 🎧

Il / elle coûte (a coûté) combien ? : situations n° 3, 8
Le prix, s'il vous plaît ? : situation n° 2
C'est combien ? : situations n° 5, 7
Ça fait combien ? : situation n° 4
Il / elle fait combien ? : situation n° 1
Ça coûte combien ? situation n° 6

• Exercice 11 : proposition de corrigé

1. - Alors, je vais prendre un kilo de pommes, deux kilos de bananes et aussi une belle salade. **Ça fait combien ?**
   - Alors, 3 et 5,60... plus 1,10. **Ça fait** 9,70 euros, s'il vous plaît.
2. - **Elle coûte combien** la jolie lampe sur la table ?
   - 18 euros. Il y a aussi la grande ici à 26 euros.
3. - **C'est combien, ça ?**
   - Euh... 20 euros, mademoiselle. Vous le prenez ?
   - Oui !
4. - J'aime bien ce pantalon. **Il coûte combien ?**
   - Je vais vous dire ça...
5. - **Le prix, s'il vous plaît ?**
   - Ce n'est pas cher : 10 euros !

• Exercice 12

1. le vin
2. de l'eau
3. du poisson
4. du couscous / le couscous
5. la pastilla
6. de la bière / le vin / de la bière
7. le café / du thé
8. de l'eau minérale / du jus de fruit

• Exercice 13

Le matin, au petit déjeuner, je prends toujours de l'**eau** pour commencer et après, je bois du **thé** / **café** avec du **lait** et je mange du **pain** avec de la **confiture**. Je n'aime pas le **beurre**.

La belle vie, c'est quoi ? Du **travail**, de l'**amour** / **amitié** et de belles vacances. Avoir de l'**argent**, c'est bien aussi !

J'aime beaucoup la **natation** / **gymnastique** et le **cyclisme** / **judo**. Je fais de l'athlétisme et de la **gymnastique** / **natation** et mon amie Luce fait du **judo** / **cyclisme**.

• Exercice 14

1. bière – café – eau
2. poisson – viande – frites
3. air pur – amour – soleil
4. piano – théâtre – informatique

• Exercice 15

1. un morceau de fromage
2. un verre de bière
3. une tasse de thé
4. un kilo d'oranges
5. un litre d'eau
6. un paquet de café

• Exercice 16

a) un morceau de fromage et un paquet de café

b) ~~un paquet de café~~, ~~une bouteille d'eau~~.

• Exercice 17

1. peu d'élèves
2. un peu de sucre.
3. un peu de livres
4. un peu d'informatique
5. peu de fautes
6. un peu de jus de tomate
7. un peu de pain
8. peu d'émissions

• Exercice 18 🎧

1. ~~trop~~ - peu - un peu
2. trop - ~~un peu~~ - ~~assez~~
3. ~~peu~~ - beaucoup - ~~un peu~~
4. ~~bien~~ - ~~beaucoup~~ - peu

• Exercice 19

1. Non, ils ne prennent pas de café.
2. Non, je n'ai pas d'argent.
3. Non, je n'ai pas lu le livre de Bernadette Chirac.
4. Non, pas de cigarette.
5. Non, elle n'a pas d'enfants.
6. Non, je ne connais pas le nouveau magasin, rue des Plantes.
7. Non, nous n'avons pas assez d'informations pour comprendre.
8. Non, ils n'ont pas vu de lions en Tanzanie.

• Exercice 20 : proposition de corrigé

1. Vous en voulez combien ?
2. Vous avez des oranges ?
3. Est-ce que vous buvez du vin ?
4. Elle met du sucre dans les crêpes ?
5. Vous voulez un peu de café ?
6. Vous avez des enfants ?

• Exercice 21

1. - Je connais le nom, mais je n'en ai jamais mangé.
2. - Non, désolé. Je n'en ai pas.
3. - Je n'ai pas le temps. Je n'en fais pas beaucoup.
4. - Non, on en boit peu ; on aime surtout le vin.
5. - Non, il n'en a pas assez mais il ne veut pas m'écouter !
6. - Oui, j'en ai en deux en Belgique et une au Québec.
7. - Non, je n'en ai pas. J'ai un vélo !

• Exercice 22

1. Non, je n'en bois pas.
2. Non, je n'ai pas de vacances.
   Oui, j'en ai en juillet.

3. Non, je ne l'ai pas regardé.
4. Non, il n'y en a pas.
   Il y en a deux.
5. Non, j'en ai trois.
   Ah ! Oui, beaucoup !
6. Il y en a beaucoup.
   Il y en a 352.
   Il y en a trop !

• Exercice 23

Il la regarde.
→ Il regarde Marie.
→ Il regarde mon amie.
→ Il regarde Madame Richard.

Monsieur Leroy les aime beaucoup.
→ Monsieur Leroy aime beaucoup les enfants.
→ Monsieur Leroy aime beaucoup Anne et Didier.
→ Monsieur Leroy aime beaucoup Emma et Lucie.
→ Monsieur Leroy aime beaucoup Monsieur et Madame Lambert.

Tu le connais ?
→ Tu connais mon professeur.
→ Tu connais mon ami.

Je l'adore.
→ J'adore mon professeur.
→ J'adore Marie.
→ J'adore mon ami.
→ J'adore mon amie.
→ J'adore Madame Richard.

• Exercice 24

1. Vous ne l'aimez pas ?
2. Tu ne les as pas regardées ?
3. Est-ce que Marie et Patrick t'ont invité chez eux ?
4. Est-ce que vous l'avez écouté ?
5. Vous ne la connaissez pas.
6. Il ne vous a pas regardé.

• Exercice 25 🎧

1. d	2. a	3. h	4. c
5. e	6. b	7. f	8. g

• Exercice 26 : proposition de corrigé

1. - Tu es allé voir *Le Pianiste* ?
   - Oui, c'est très beau. Je l'ai vu samedi avec Marie.
2. - Tu vas au supermarché ?
   - Oui. Pourquoi ?
   - Achète-moi de la farine, des œufs et de l'huile, je vais faire des crêpes.
3. - J'ai vu Jean-Pierre. Je l'ai rencontré à la gare.

- Il va bien ?
- Bof, il ne parle pas beaucoup …
4. - Ils viennent, tes amis ?
- Non, je ne pense pas …
- Si, on arrive ! Attendez-nous !
5. - Qu'est-ce qu'il fait ?
- Il cherche ses clés.
- Et il les cherche dans mon sac ?
- Euh … Oui.

• Exercice 27

merci	ça va ?	célibataire	cinq
français	cinéma	leçon	France
cent vingt	informaticien	cyclisme	garçon

• Exercice 28 🎧

	1	2	3	4	5	6	7	8
2e mot	x	x				x		x
3e mot			x	x		x	x	

• Exercice 29 🎧

1. un pot
2. débranche
3. un abri
4. attrape
5. une poule
6. emprunte
7. un imbécile
8. débloque

• Exercice 30

apéritifs	entrées	plats	desserts
pastis	charcuterie	couscous	tarte aux pommes
kir royal	œufs mayonnaise	steak-frites	crème au chocolat
porto	salade de tomates	pastilla	pâtisserie
	salade verte	truite menuière	
	salade grecque	omelette nature	

• Exercice 31 🎧

repas de Louis	repas de Lucie
kir	kir
salade grecque	plat du jour
mousse au chocolat	pâtisserie
café	grand café

• Exercice 32 : proposition de corrigé

- Messieurs, Dames. Vous désirez un apéritif ?
- Non, merci.
- Vous avez choisi ?
- Euh… Oui. Aurélia ?
- Euh … En entrée, je vais prendre une salade de la mer.
- Bon, et moi, une assiette de charcuterie et … C'est quoi, le plat du jour ?
- Aujourd'hui, couscous.
- Oui, je vais prendre ça. C'est bien.

- Et moi, une truite grillée. J'adore le poisson. Qu'est vous servez avec le poisson ?
- Du riz nature. Vous prendrez un dessert ?
- Euh … du fromage.
- Moi, une mousse au chocolat et un thé au lait.
- Vous voulez boire quelque chose ?
- Tu veux du vin ?
- Euh … Oui, pourquoi pas ?
- Bon, un pichet de vin rouge et de l'eau minérale.
- Très bien. Je vous apporte ça tout de suite.

MODULE 3 | Agir dans l'espace
Unité 7 pages 52 à 61 : Rallye

• Exercice 1

1. Non, je ne sais pas.
2. Les enfants sont dans le jardin.
3. Qu'est-ce que vous buvez ?
4. Elle ne connaît pas Madame Bouvier.
5. Nous prenons le train de 7 h 34.
6. Bon, alors, qu'est-ce qu'on offre à Corinne pour son anniversaire ?
7. Où est-ce qu'on va ?
8. Je ne peux pas venir demain.

• Exercice 2

Il y a beaucoup de vieux immeubles à Angers ?
On a visité l'ancien château de François Ier.
J'aime beaucoup l'architecture moderne, la Pyramide du Louvre, par exemple.

• Exercice 3

1	2	3	4	5	6	7	8
a	b	f	c	g	h	d	e

• Exercice 4

1. Dans un hôtel.
2. Dans une gare.
3. Dans une banque.
4. Dans un immeuble.
5. Dans un hôpital.
6. Dans un cinéma.
7. Dans une boulangerie.
8. Dans une pharmacie.

• Exercice 5

1. au cinéma
2. de l'hôpital
3. à l'hôtel
4. aux toilettes
5. du bureau
6. à la bibliothèque
7. au musée

Corrigés

• Exercice 6

```
            |  le       | la banque | la pharmacie |        |  Rue Chevreul
            | restaurant|           |              |        |
                                                            |  l'hôpital
            Av. Pasteur
  Rue du Port
            | l'épicerie | la boulangerie |
```

• Exercice 7

A = magasin de vêtements
B = agence de voyages
C = librairie
D = magasin de chaussures
E = banque
F = poste
G = boulangerie
H = pharmacie

1 = église Saint-Jean
2 = musée des Beaux-Arts
3 = brasserie-restaurant
4 = bar du Centre
5 = hôtel de ville
6 = bar-restaurant
7 = théâtre
8 = office de tourisme

• Exercice 8

• Entrée = n° 1   • Tour de la Garde = n° 8
• Île aux Cygnes = n° 4   • Café-Brasserie = n° 5
• Roses = n° 2   • Arbres à fleurs = n° 3
• Bambous = n° 6   • Fleurs d'automne = n°7

• Exercice 9

1. Traversez la place Saint-Martin.
2. Allez tout droit.
3. Continuez jusqu'au boulevard Foch.
4. Prenez la première rue à droite.
5. Passez devant la mairie.

• Exercice 10

1. Anne : Téléphone à l'agence de voyages.
2. Fabrice : Fais une liste des informations utiles.
3. Valérie : Dis à François de venir chez moi demain.
4. Catherine : Prends ton appareil photo, mais pas ta caméra !
5. Guillaume : Va à la banque chercher de l'argent.

• Exercice 11

1. Bon, bah, demandons au chauffeur.
2. Bon, allons d'abord au musée.
3. Oui, c'est vrai. Cherchons autre chose.
4. Attendons-la encore cinq minutes.
5. Restons calmes. Où est l'alarme ?
6. Demandons à quelqu'un.
7. Bon, parlons d'autre chose, tu veux bien ?
8. Rentrons vite.

• Exercice 12

1. Ne vas pas à l'hôtel Pahali, il est trop cher !
2. Ne téléphonez pas le matin, le bureau est fermé !
3. N'écoute pas, ce n'est pas vrai !
4. Ne restez pas là, on travaille !
5. Ne mets pas ton doigt dans ton nez !
6. Ne viens pas avec Simon, viens seule.
7. Ne faites pas ça ! Vous êtes fou ! C'est dangereux !
8. Ne prends pas ce livre, il n'est pas très bon !

• Exercice 13

1. Prends-le, il est pour toi.
2. Donne-la à Sophie, elle va être contente.
3. Prenez-en cinq kilos !
4. Attends-la, elle va arriver.
5. Lis-le, c'est un très bon livre !
6. Faites-le avant demain soir, s'il vous plaît !
7. Invitez-les pour un petit dîner !
8. Achètes-en cinq, s'il te plaît !

• Exercice 14

1. Ne les montrez pas à vos amis !
2. Ne me laisse pas seule !
3. N'en parle pas à ton directeur !
4. Ne l'écoutez pas !
5. N'en achète pas pour Julien !
6. Ne les prends pas !
7. Ne l'offre pas à Valérie !
8. Ne la lis pas !

• Exercice 15

1. Achètes-le à la boulangerie, s'il te plaît !
2. Lisez-la et vous écrivez une réponse.
3. Offres-en à Christelle. Elle adore les fleurs !
4. Prenez-en deux bouteilles.
5. Mets-les sur la table.
6. Ouvre-le !
7. Donnez-les à la personne de la réception.
8. N'en propose pas à Régine, elle est au régime !

• Exercice 16

dessin 1 : phrase n° 7   dessin 5 : phrase n° 3
dessin 2 : phrase n° 1   dessin 6 : phrase n° 4

dessin 3 : phrase n° 6   dessin 7 : phrase n° 5
dessin 4 : phrase n° 2

• Exercice 17

1. Ne fumez pas.
2. Ne mangez pas trop de sucre.
3. Ne portez pas de choses lourdes.
4. Ne courez pas.
5. Ne buvez pas de café.

• Exercice 18

trajet 2

• Exercice 19

Alors, traverse la place Albert Ier et va tout droit, jus-qu'au boulevard de Strasbourg. C'est facile, c'est tout au bout. Traverse le boulevard de Strasbourg, puis tourne à gauche et va tout droit. Tu vas voir la place de la Liberté sur ta gauche. Prends la première rue à droite, la rue ?? et continue tout droit. Ensuite, prends la troisième rue à droite, c'est ma rue, la rue Jourdan. J'habite au 9, sur le trottoir de droite.

• Exercice 20

• Exercice 21

1. Ah, ça me fait plaisir de te voir !
2. Tu penses qu'il va plaire à Marie ?
3. Et ça ne me plaît pas beaucoup !
4. Oui, ils me plaisent beaucoup.
5. Ça ne te fait pas plaisir d'aller voir un match de foot avec moi ?
6. Oh, oui, ça me plaît beaucoup !

• Exercice 22

1. seconde
2. sixième
3. septième
4. quatrième
5. seizième
6. troisième
7. centième

• Exercice 23

1. première
2. premier
3. dernier
4. millionième
5. deuxième
6. première
7. dernières

• Exercice 24

	1	2	3	4	5	6	7	8	9	10	11	12	13	14	15	16	17	18	19	20	21
I	C	I	N	E	M	A			R	E	S	T	A	U	R	A	N	T			
II	A		S	A	I	S		P			D					O					
III	T	A		G	U		P	O	I	S	S	O	N	N	E	R	I	E			
IV	H	U	I		A	P	R	I	N	C	E		R		C	L		P			
V	E		M	U	S	E	E		S		E	L	L	E	S		O	B	É	I	R
VI	D	M	I	R		C	R		R			R	H	U	I	T		E			
VII	R	U	E		N	M	A	I	R	I	E				T	È	T	E	S		
VIII	A	U		A	N		E	T	R	A	N	G	E	R	E	S					
IX	L	I	B	R	A	I	R	I	E	S		U			R	E	S	T	E		
X	E		L	V	C		E	D		E		I							U		
XI		F	E	T	E		H	N	A	T	I	O	N	A	L	E		B	A	R	
XII	A				N			N	A	A	C	T						O			
XIII	B	A	N	Q	U	E		C	O	N	N	A	Î	T	R	E					
XIV	C		E	S	S	A	I	E	N	T		S			E	N	T	R	E		

• Exercice 25

1. Il est **prêt**, il t'attend. Il est **près** de l'église.
2. Qu'est-ce que vous **faites** ? Une **fête** ?
3. Vous **entrez** s'il vous plaît. L'**entrée** est à droite.
4. Il est **né** en 1990. Il a mal au **nez**.
5. Je vais **aller** à Marseille et vous **allez** venir avec moi.
6. Elle **est** japonaise **et** son mari, coréen.
7. Il ne **sait** pas que **ses** amis sont malades.
8. Ne prends pas **mes** chaussures ! **Mets** ton chapeau !

• Exercice 26 🎧

	1	2	3	4	5	6	7	8
[b] *(banque)*	☐	☒	☐	☒	☐	☒	☒	☐
[v] *(ville)*	☒	☐	☒	☐	☒	☐	☐	☒

• Exercice 27 🎧

Écoutez et indiquez quel jeu les personnes aiment.

1. → la belote
2. → les jeux de société (Monopoly, Scrabble…)
3. → la pétanque
4. → le tarot
5. → la pelote basque

Corrigés

Unité 8 pages 62 à 71 : Chez moi

• Exercice 1

Le lavabo est dans la salle de bains.
La baignoire est dans la salle de bains.
Le lave-linge est dans la salle de bains.
/ dans la cuisine.
La chaîne Hi-Fi est dans la chambre./ dans le salon.
/ dans le bureau.
Le lave-vaisselle est dans la cuisine.
L'évier est dans la cuisine.
La douche est dans la salle de bains.

• Exercice 2

1. tu dois
2. Nous devons - je dois
3. Vous ne devez pas
4. Les étudiants doivent
5. Léo doit
6. tu dois

• Exercice 3

1. - Salut ! Tu ne viens pas à ma fête d'anniversaire ?
   Je ne comprends pas pourquoi tu ne **veux** pas
   venir.
   - Je **veux** bien venir mais je ne **peux** pas, j'ai un
   match de basket et je **dois** être à 14 heures au
   Palais des Sports. Je suis désolée.

2. - Je **veux** bien vous aider mais je ne **veux / peux**
   pas toujours répéter et expliquer les choses vingt
   fois ! Vous **devez** travailler un peu !

3. - Pour réserver vos vacances, vous **devez** téléphoner au 0800 610 610. Vous **pouvez** aussi réserver
   par l'internet mais je n'ai pas l'adresse.
   - Vous **pouvez** me donner cette adresse demain ?
   - Oui, bien sûr. Je **dois** penser à chercher, c'est
   tout...

• Exercice 4

1. Non, personne ne peut l'expliquer.
2. Non, il n'y a personne.
3. Non, je ne veux rien.
4. Non, rien n'est arrivé.
5. Non, je n'ai rien compris.
6. Non, je n'ai envie de rien.
7. Non, personne ne l'a.
8. Non, je ne pars avec personne.

• Exercice 5

Dans un magasin
personne - quelqu'un

À la maison
quelque chose
rien - rien

Deux amies au téléphone
rien
quelqu'un
personne

À l'université
quelque chose - rien
personne

• Exercice 6

1. jaune   2. vert   3. blanc   4. gris   5. orange

• Exercice 7

a)
- une plante verte
- un mur blanc
- un bouton orange
- un café noir
- une souris grise
- un citron jaune
- une jupe bleue
- une fiche rose
- une fleur violette
- un parapluie marron

b)

masculin	féminin
bleu	bleue
vert	verte
jaune	jaune
rouge	rouge
orange	orange
gris	grise
noir	noire
marron	marron
rose	rose
blanc	blanche
violet	violette

• Exercice 8 🎧

- la nuit : noire
- la peur : bleue
- une souris : grise
- des lunettes : noires
- un examen : blanc
- un poisson : rouge
- une tomate : rouge
- la mer : bleue

• Exercice 9

- une tomate rouge → verte
- un ciel gris → bleu
- des olives noires → vertes
- une souris blanche → grise
- un citron vert → jaune
- des cheveux blonds → noirs
- des haricots blancs → verts

• Exercice 10 : proposition de corrigé

- J'aime bien l'appartement de Tom. Sa **cuisine** est
très moderne et son **salon** est très grand. Et puis,
c'est drôle, il y a un petit jardin dans son **salon /
séjour** avec des plantes vertes magnifiques !
- Oui, il est beau. Nous, on voudrait aussi trouver un
grand appartement parce que notre **maison** est trop
petite avec nos trois **enfants**, notre **chien** et nos
oiseaux !
- Tu as visité l'appartement des Leroux ? Ils veulent le

vendre, ils partent habiter au Maroc. Jean-Louis doit habiter là-bas pour son **travail** et ils sont contents parce qu'ils ont leurs **cousins** qui habitent à Marrakech.
- Ah, bon ? Tu as leur **numéro de téléphone**, je vais les appeler !

• Exercice 11

1. mon amie Christine. - mes amis canadiens.
   - ma petite chienne *Vanille*.
2. mon père - ma mère. - mon chat. - mes souris grises.
3. leur film préféré - leurs photos de vacances. - leur enfant. - leurs enfants.
4. sa famille - son appartement - ses goûts
   - son adresse électronique - sa date de naissance
   - ses parents

• Exercice 12

1. Vous avez fini - je n'ai pas compris
2. J'ai perdu - Tu l'as perdu - tu l'as oublié - Je l'ai emmené
3. Il est parti - il est allé
4. tu es rentré - je n'ai pas regardé
5. tu as dit - Je n'ai pas parlé

• Exercice 13 🎧

b) lire   phrase 7 → lu
   avoir   phrase 3 → eu
   boire   phrase 9 → bu
   descendre   phrase 10 → descendu
   connaître   phrase 2 → connu
   écrire   phrase 5 → écrit
   aller   phrase 4 → allé
   pouvoir   phrase 8 → pu
   être   phrase 6 → été

• Exercice 14

1. Tu as appris
2. Je n'ai pas répondu
3. Marco est allé
4. Elle a eu peur
5. Ils ont fini
6. Vous avez pu
7. vous n'avez pas attendu
8. Il n'a rien dit et il est parti.

• Exercice 15

1. Vous n'êtes pas allé à New York ?
2. Je n'ai pas dit non à Renaud.
3. Tu n'as pas invité Christina ?
4. Mes amis du Panama ne sont pas arrivés à Paris dimanche.

5. Je n'ai pas bien dormi cette nuit.
6. Laure n'a pas appris l'espagnol à Malaga.
7. Elle ne m'a pas regardé et elle ne m'a pas souri.
8. Vous n'êtes pas tombé dans la rue ?

• Exercice 16

1. - J'ai écrit à Lise.
   - Pourquoi ?
   - Parce qu'elle a eu 25 ans !

2. - Ils ont mangé au restaurant samedi ?
   - Oui, ils ont voulu essayer le *Trois soleils*.

3. - Il est parti à quelle heure, Pascal ?
   - Il n'est pas parti ; il est resté à Paris pour travailler.

4. - Tu as aimé ce film ?
   - Non, pas du tout. Je l'ai détesté !
5. - Bon, tu as choisi ?
   - Oui. J'ai pris une omelette salade.

6. - Tu as connu la famille Durand ?
   - Oui, mon père a travaillé avec Monsieur Durand et j'ai été à l'école avec Mélinda, sa fille.

• Exercice 17 🎧

allumer / éteindre le four, la télévision, la lumière...
changer l'ampoule
faire ses bagages
tourner le bouton
sortir / rentrer la poubelle
appuyer sur le bouton

• Exercice 18

1. Vous ne devez pas prendre la première rue à droite.
2. Ne va pas voir ce film !
3. Il ne faut pas manger beaucoup de viande et boire beaucoup de vin rouge.
4. N'ouvrez pas votre cadeau !
5. On ne doit pas écrire sur la fiche.
6. N'écoute pas ce CD !
7. Il ne faut pas rêver dans la vie !
8. Il ne doit pas trouver le coupable.

• Exercice 19 🎧

phrases	a	b	c	d	e	f
situations	5	3	6	4	2	1

• Exercice 20

1. Ne parle / parlez pas en même temps que moi.
2. Il faut prendre la nationale 10 à Orléans.
3. Vous ne devez pas gêner la fermeture des portes.

4. Prenez / prends 3 œufs et 300 grammes de farine, c'est simple !

5. Ne fumez pas ici, c'est interdit.

6. Toutes nos lignes sont occupées, rappelez un peu plus tard.

• Exercice 21

1. La bouteille de vin qui est sur la table de la cuisine est pour Julien.
2. Sophie va prendre le train qui part à 9 heures.
3. Le pantalon que tu as acheté est trop petit.
4. Les maisons qui sont dans le centre ville sont très chères.
5. L'hôtel où nous sommes est vraiment confortable.
6. Tu peux me donner le journal qui est devant toi ?
7. Tu connais la ville où ils habitent ?
8. Il y a eu un accident à la piscine où je vais le samedi matin.
9. Le jeune homme que j'ai vu sortir de la banque était grand et mince.
10. Le château qu'on va visiter est vraiment très beau.

• Exercice 22

1. qui - qui - que
2. où - qui - que - qui
3. qui - qu' - que

• Exercice 23 : proposition de corrigé

1. Tu connais la dame qui est grande, blonde et qui te regarde ?
   que tu as vue à l'école hier ?

2. C'est le professeur que je déteste.
   qui est très sévère.

3. C'est le pays que j'adore.
   où je voudrais habiter.
   qui se trouve en Afrique de l'est.

• Exercice 24

Pronoms compléments directs en italique ; pronoms compléments indirects en gras.

1. Pardon, vous **m'**avez parlé ? Excusez-*moi*, je ne *vous* ai pas écouté.
2. Elle **vous** a écrit ou elle **vous** a téléphoné ?
3. Quand je *l'*ai vu, je **lui** ai parlé de ses problèmes de travail.
4. Christian **me** dit qu'il va venir *me* voir demain.
5. Il **t'**a expliqué pourquoi il n'a pas fait ses exercices ?
6. Les voisins *m'*ont aidé à porter mes bagages et je **leur** ai proposé de prendre l'apéritif.
7. Je **leur** ai prêté des CD mais ils ne **m'**ont pas dit merci.

8. Il ne *nous* connaît pas beaucoup mais je pense qu'il *nous* aime bien.

• Exercice 25

1	2	3	4	5	6
d	f	e	a	c	b

• Exercice 26

1. Vous la connaissez ?
2. Est-ce que vous leur écrivez beaucoup ?
3. Vous leur envoyez des messages électroniques ?
4. Est-ce que vous les invitez chez vous pour votre anniversaire ?
5. Vous lui proposez des sorties ?
6. Vous lui dites toujours « bonjour » ?
7. Vous lui avez parlé, aujourd'hui ?
8. Est-ce que vous les aimez bien ?

• Exercice 27

a)

[ə] comme r**e**garde	[e] comme num**é**ro
devoir	clé
petit	belle
vendredi	reste
demande	répondre
venir	exemple
	terre
	vert
	entrée

b) be**ll**e - re**st**e - e**x**emple - te**rr**e - ve**rt**

• Exercice 28

a)

destin – reculer – règle – énerver – selle – descendre – examiner – repas – remercier – énergie – étranger – règne – revendre – échanger

b)

dé**ch**irer – é**cr**ire – rè**gn**e – dé**cl**in – é**ch**auffer – dé**cl**arer – ê**tr**e – é**gl**ise

• Exercice 29

	1	2	3	4	5	6	7	8
[œ] (coul**eur**)	X	X	X	☐	X	X	☐	X
[o] (radi**o**)	☐	☐	☐	X	☐	☐	X	☐

• Exercice 30

Phrase a : n° 4
Phrase b : n° 5
Phrase c : n° 2
Phrase d : n° 1
Phrase e : n° 3

• Exercice 1 🎧

	Quelle destination ?	C'est où ?
Anne	Mont-Dore	Auvergne
Jean-Louis	Chinon	Centre
Sandrine	Lavandou	Sud de la France

	Qu'est-ce qu'ils aiment ?	Dans quel autre lieu ils aimeraient aller ?
Anne	randonnée, ski	Alpes
Jean-Louis	châteaux, promenades, visites de villes, vin	Alsace
Sandrine	soleil, mer et ne rein faire	Italie ou Crète

• Exercice 2

1	2	3	4	5	6
c	b	e	a	f	d

• Exercice 3

1. Cette   2. cette   3. ces   4. cet
5. Ce   6. cette   7. ces   8. cette

• Exercice 4

1. ce CD - cette musique.
2. ces papiers - cette case - ces lignes
3. cette île - ce lieu - cette région
4. ces gens - cet enfant - cet homme - cette femme
5. cet aéroport - cette route

• Exercice 5

1. Cet enfant est très grand.
2. J'aime beaucoup ce roman américain.
3. Comment tu connais cette adresse ?
4. Cet Italien est très drôle !
5. Est-ce que vous aimez cet exercice de vocabulaire ?
6. Il faut changer cet ordinateur, il est trop vieux.
7. Qui est cette étudiante, là-bas, avec Marco ?
8. On adore ce tableau de Picasso.

• Exercice 6

1. Qui est cette jolie fille ?
2. J'ai invité mes amis canadiens.
3. Elle va acheter la voiture rouge.
4. Il est à toi ce grand parapluie ?
5. France-Brésil, quel beau match !
6. Hier soir, on a mangé une délicieuse pastilla chez Moaïed.
7. Sa fille est à Jules Ferry ; c'est une bonne école.
8. Je crois que Montpellier est une ville agréable.

• Exercice 7

1. Mes voisins font des voyages extraordinaires.
2. J'ai de bonnes histoires à vous raconter...
3. On a visité des églises baroques et de beaux musées.
4. Ils ont passé des vacances incroyables, cette année.
5. Regarde, ce sont des livres magnifiques !
6. Il a de grandes filles qui sont mariées.

• Exercice 8

1. votre cousine.   2. votre beau-frère.
3. votre mère / tante.   4. votre grand-père.
5. vos cousins.   6. vous

• Exercice 9

ma grand-mère   mon beau-frère   ma belle-sœur

• Exercice 10 : proposition de corrigé

1. Non, je n'y habite pas.
2. Oui, j'y suis allé(e) en 2003.
3. Oui, je suis allé(e) en Hongrie. J'y suis allé(e) en juillet.
4. Non, je n'y suis pas allé(e).
5. Oui, je vais y aller mercredi.
6. Oui, j'y suis déjà allé(e). Je suis allé(e) aux États-Unis d'Amérique.

• Exercice 11

1. Oui, j'y suis allé jeudi et vendredi.
2. Non, on n'y retourne pas, il n'est pas confortable.
3. Oui, j'y pense ; je te l'apporte demain, ça va ?
4. Spiderman ? Non merci, allez-y sans moi !
5. Non, je crois qu'il va y réfléchir.
6. Euh… Je n'aime pas y aller. On va au Danton ?

• Exercice 12

1. Oui, on leur a écrit dimanche.
2. Oui, j'y pense, je l'ai mis dans mon sac.
3. Je suis fâchée avec Anne ; je ne lui réponds pas.
4. Oui, elle leur a expliqué la situation d'Antoine.
5. Bien sûr, il y a répondu hier soir.

• Exercice 13

1. Je ne peux pas la voir.
2. Est-ce que tu vas lui expliquer ?
3. Elles n'ont pas voulu leur donner leur numéro de téléphone.
4. Vous pouvez en manger un.
5. Je ne sais pas y aller en voiture.
6. Je déteste y aller le dimanche.
7. Tu pourrais les aider ?
8. Vous ne devez pas leur dire.

• Exercice 14

• Dunkerque est au nord de la France.

- La Rochelle est à l'ouest de la France.
- Montpellier est au sud de la France.
- Lille est au nord de la France.
- Marseille est au sud de la France.
- Besançon est à l'est de la France.

• Exercice 15 🎧

Le Puy-de-Dôme est un **volcan** de la **région** Auvergne.
Clermont-Ferrand est une **ville** de 150 000
habitants environ.
Elle est entourée de **montagnes** qui s'appellent le
Massif Central.
La société Michelin fabrique des pneus pour les
voitures. On peut visiter *Vulcania* qui explique les
volcans. Ce musée est à **15 kilomètres** de Clermont-
Ferrand.
Clermont-Ferrand est la **capitale** de l'Auvergne mais
on peut aussi visiter de jolis **villages.**
On peut faire beaucoup de sport en Auvergne et du
ski en hiver.

• Exercice 16

Ville : La Rochelle
Département : Charente-Maritime
Région : Poitou-Charentes
Situation : À l'ouest de la France, à 400 kilomètres de
Paris.
Nombre d'habitants : 71 000
À visiter : la vieille ville, les ports.
À faire : sports nautiques, festival de musique *Les
Francofolies*, visite de l'île de Ré.

• Exercice 17

1. au Portugal - à Leiria - en Afrique - à Yaoundé -
au Cameroun
2. en Amérique du Sud - en Argentine - au Chili - en
Colombie - en Équateur - au Brésil - à Rio - à Brasilia

• Exercice 18

1. Il vient du Niger.
2. Pauline est née en Chine.
3. Il est d'Angers.
4. Ils habitent au Guatemala.
5. Je voudrais aller en Égypte.
6. Ils ne sont pas rentrés des Pays-Bas.
7. Elle va vivre en Algérie.
8. Claudio travaille en Espagne.

• Exercice 19

1. vous voyez - je vois
2. tu as vu - J'ai vu
3. nous voyons - On voit
4. Tu ne vois pas - je vois bien
5. on voit - on peut voir

• Exercice 20

1	2	3	4	5	6	7	8
e	g	a	b	c	h	f	d

• Exercice 21

1. Ton copain Nordine est peu sympa !
2. Je pense que Nathalie ne parle pas assez.
3. Vous devez dormir beaucoup !
4. Vous ne mangez pas assez vite !
5. Elle est trop grande.

• Exercice 22

Je bois et je fume peu.
Je mange un peu de poisson.
Je vais assez souvent au cinéma.
Je nage beaucoup.
Je parle très bien français.

• Exercice 23

assez - beaucoup - trop - peu - beaucoup - peu - très

• Exercice 24 🎧

	´ : accent aigu	` : accent grave	^ : accent circonflexe
a		à	pâte, gâteau, château
e	étudiant, café, cinéma, présent	père, très, près, bière	tête, fête, prête
i			île, s'il vous plaît
o			bientôt
u		où	sûre, goût

• Exercice 25 🎧

accent aigu	accent grave	accent circonflexe
téléphone	nièce	prête
délicieux	très	fête
répondre	derrière	être
décembre		

• Exercice 26 🎧

1. je préfère – nous préférons
2. un poète – une poésie
3. complète – complétez
4. mètre – métro
5. je répète – nous répétons
6. espérer – il espère

• Exercice 27 : proposition de corrigé

1)   *Chers parents,*
*Je suis à Chamonix et c'est très beau. J'adore le ski. Je
m'amuse beaucoup avec mes amis. On va au restaurant le soir et on mange beaucoup ! Mon hôtel est
sympa. Il n'y a pas beaucoup de monde. C'est génial !*
                    Je vous embrasse et à bientôt,
                    Simone

2)

Chers parents,
Voilà, je suis à Nice et il fait très beau. La vieille ville est très jolie. Avec mes amis, on va à la mer, on fait du foot sur la plage, c'est vraiment sympa. J'ai trouvé un petit hôtel pas trop cher. Ma chambre est très jolie. Je peux voir la mer. J'ai rencontré Julien, un jeune homme qui travaille dans un bar. Il habite à Paris mais il travaille à Nice, en été. On rit beaucoup.
Je vous embrasse,
Simone

MODULE 4 | Se situer dans le temps
Unité 10 pages 80 à 87 : Au jour, le jour

• Exercice 1 : proposition de corrigé
Au printemps, je plante des fleurs dans le jardin et je travaille beaucoup au bureau. Pour Pâques, on va voir mes parents en Auvergne.
En été, je voyage : je pars en vacances à l'étranger. J'aime beaucoup l'Amérique du Sud. Et puis, je nage, je fais du sport.
En automne, je fais des promenades dans la campagne. J'adore courrir dans la campagne en automne. Les couleurs sont belles dans la forêt.
En hiver, j'achète des pulls et je vais faire du ski dans les Alpes. Je vais souvent au théâtre et au cinéma.

• Exercice 2
- Pourquoi est-ce qu'il ne fait pas ses exercices ?
- Parce qu'il regarde les jolies filles qui sont dehors.

- Pourquoi est-ce qu'elle est contente ?
- Parce qu'elle va au cinéma avec son père.

- Pourquoi est-ce qu'elle est en colère ?
- Parce que le jeune homme écoute du rap dans le bus. Elle a horreur du rap.

- Pourquoi est-ce qu'il ne va pas travailler ?
- Parce qu'il est malade. Il ne peut pas se lever.

• Exercice 3 🎧

1	2	3	4	5	6
f	e	d	b	a	c

• Exercice 4
1. Je fais du sport parce que c'est bon pour la santé et parce que j'aime ça.
2. Je pars en vacances à l'étranger pour découvrir de nouveaux pays et voir de nouvelles choses.
3. J'écoute beaucoup de musique parce que je n'aime

pas travailler et parce que mes voisins font beaucoup de bruit.
4. Je n'aime pas le théâtre parce que je trouve que c'est ennuyeux.

• Exercice 5
La matinée de M. Lainé...
À 6 heures, M. Lainé se réveille. Il se rase et il prend son petit déjeuner en même temps parce qu'il est en retard. Puis, il prend une douche. Il chante et il est content. À 7 h 15, il s'habille et il se coiffe. À 7 h 25, il sort de chez lui et il court vers la gare pour aller prendre son train. Il va à paris. À 7 h 29, il saute dans le TGV.

• Exercice 6 : proposition de corrigé
Chaque matin, je me lève à 7 h 15. Je prends mon petit déjeuner : une tasse de café, un croissant et un verre de jus d'orange. Puis, je vais prendre ma douche. Je me rase / me maquille, je m'habille et je pars travailler.

• Exercice 7
1. tu te lèves
2. Elle ne se maquille pas
3. Vous vous inquiétez
4. Tu te coiffes
5. Je ne m'arrête pas
6. on se dépêche
7. nous nous amusons
8. Vous vous rasez

• Exercice 8
a) 1. Ne vous asseyez pas ici !
   2. Ne t'habille en blanc !
   3. Ne vous arrêtez pas devant l'église !
   4. Ne te couche pas maintenant !
   5. Ne nous levons pas !

b) 1. On ne s'est pas réveillé très tôt.
   2. Vous ne vous êtes pas coiffé, ce matin ?
   3. Je ne me suis pas ennuyé hier soir.
   4. Tu ne t'es pas lavé ?
   5. Je ne me suis pas assis sur cette petite chaise.

• Exercice 9 🎧

conseils	répliques
1.	e
2.	c
3.	b
4.	a
5.	f
6.	d

• Exercice 10

1. Tu n'aimes pas du tout t'habiller en noir ?
2. J'ai horreur de me lever tôt !
3. Il a du mal à se coucher avant minuit à cause de son travail.
4. Nous ne voulons pas nous dépêcher ce matin.
5. Elle a onze ans et elle voudrait se maquiller !
6. Je suis fatigué et j'ai besoin de me reposer un peu.

• Exercice 11

a)   4 | 1 | 2 | 5 | 3

b) D'abord, Madame Chabut monte dans sa voiture pour aller travailler. Elle va au bureau à 9 heures. Elle travaille toute la matinée devant son ordinateur, téléphone, etc. Elle a beaucoup de choses à faire. Puis, à midi, elle déjeune avec ses collègues dans un restaurant. Ils mangent, ils discutent. Ensuite, vers 17 heures 30, Mme Chabut va chercher son bébé à la crèche. Enfin, le soir, elle est fatiguée et elle se repose. Elle regarde la télévision avec son mari.

• Exercice 12 🎧

1	2	3	4	5	6
e	d	f	b	a	c

• Exercice 13

1. T'as une bagnole, toi ?
2. I faut pas oublier la bouffe de ce soir.
3. J' peux pas venir, j'ai trop de boulot.
4. Est-ce qu'i vous a donné du fric ?
5. Y a un gentil mec brésilien dans ma classe.
6. Vous êtes que deux nanas pour faire la cuisine ?

• Exercice 14

1. Il ne va me rester que 8 euros.
2. Il ne faut que trois heures pour aller de Paris à Marseille en TGV.
3. Ce n'est pas grave, on n'est qu'un peu en retard…
4. Pour demain, on n'a que l'exercice 2 sur le subjonctif.
5. Vous ne prenez qu'un sucre dans votre café ?
6. Je n'ai eu qu'une place pour le concert de Johnny Hallyday.
7. On ne va commander qu'un plat pour nous deux.
8. Cette année, ils n'ont eu qu'une semaine de vacances.

• Exercice 15 : proposition de corrigé

1. Non, il n'a qu'une sœur.
2. Non, il n'y en a que deux ou trois.
3. Non, je n'ai reçu qu'une carte postale de mes parents cet été.
4. Non, elle n'a obtenu que cent euros.
5. Non, je n'ai que cinq minutes. Je dois partir.

• Exercice 16

1. pieds.   2. mains   3. yeux.
4. oreilles.   5. bouche   6. dents

• Exercice 17

1. le ventre   2. les pieds   3. la joue
4. la jambe   5. le pied

• Exercice 18 : proposition de corrigé

1. Quels sont tes sports préférés ?
2. Quelle est la nationalité de Juan ?
3. Quel est ton numéro de téléphone ?
4. Quelle est ton adresse ?
5. Quelles sont les couleurs du drapeau japonais ?

• Exercice 19 🎧

Quel : n° 1 – 3   Quels : n° 4 – 8
Quelle : n° 2 – 5 – 7   Quelles : n° 6

• Exercice 20 🎧

dialogue 1	dialogue 2	dialogue 3
dessin b	dessin a	dessin c

• Exercice 21

a) langue standard

1. - Est-ce que vous voulez partir maintenant ? / Vous voulez partir maintenant ?
2. - Est-ce que tu peux m'aider, s'il te plaît ? / Tu peux m'aider, s'il te plaît ?
3. - Est-ce que ton frère va à Paris cette été ? / Ton frère va / va aller à Paris cet été ?

b) langue soutenue

1. – Aimez-vous les fruits ?
2. – Sors-tu souvent, en semaine ?
3. – Connaissez-vous Marie-Ange et Patrice ?

• Exercice 22

1. *Avez-vous des frères et sœurs ?* Vous avez des frères et sœurs ? Est-ce que vous avez des frères et sœurs ?
2. *Il a fait beaucoup d'efforts ?* Est-ce qu'il a fait beaucoup d'efforts ? A-t-il fait beaucoup d'efforts ?
3. *Pourquoi vous vous levez tôt le matin ?* Pourquoi est-ce que vous vous levez tôt le matin ? Pourquoi vous levez-vous tôt le matin ?
4. *Vous changez souvent d'appartement ?* Est-ce que vous changez souvent d'appartement ? Changez-vous souvent d'appartement ?
5. *À quelle heure tu pars, vendredi ?* À quelle heure est-ce que tu pars, vendredi ? À quelle heure pars-tu, vendredi ?
6. *Connaissez-vous beaucoup d'étudiants étrangers ?* Vous connaissez beaucoup d'étudiants étrangers ?

Est-ce que vous connaissez beaucoup d'étudiants étrangers ?

7. *Il vit où, Pascal ?* Où est-ce qu'il vit, Pascal ? <u>Où vit-il, Pascal ?</u>

8. *Comment est-ce qu'on va aller à Turin ?* Comment on va aller à Turin ? <u>Comment va-t-on aller à Turin ?</u>

• Exercice 23 : proposition de corrigé

1. - Quel âge avez-vous ?
2. - Pourquoi êtes-vous parti ?
3. - Où habites-tu ?
4. - Comment vas-tu ?
5. - Aimez-vous la cuisine japonaise ?
6. - À quelle heure part-elle ?
7. - Où habite-t-il ?
8. - Quelle heure est-il ?

• Exercice 24

1. À quelle heure t'es-tu levé ?
2. Allez-vous venir avec nous demain soir ?
3. Habite-t-il chez ses parents ?
4. Pourquoi t'es-tu couché si tard ?
5. Où vous arrêtez-vous pour manger ?
6. Quand vous a-t-il dit ça ?
7. Lui avez-vous demandé quelque chose ?
8. T'es-tu inquiété pour nous ?

• Exercice 25 🎧

1. Je ne sais pas où je vais.
2. Cette fille est vraiment très jolie !
3. Il parle français ou anglais ?
4. Reste là, je vais t'apporter du lait.
5. J'ai envie de connaître ton frère.

• Exercice 26 🎧

1. On va manger, j'ai très faim !
2. Demain, c'est impossible, je suis désolée.
3. Vous voulez un peu de vin ou seulement de l'eau ?
4. Tu as un chien ou un chat ?
5. Tu viens lundi ?

• Exercice 27 🎧

Louise aime lire et ne voit pas les heures passer.
Pierre ne lit que des BD.
Laurène apprend beaucoup de choses dans les livres.
Michel lit pendant les voyages.
Lucie n'aime pas les livres.

• Exercice 28 : proposition de corrigé

J'adore lire. Je lis beaucoup de romans de science fiction parce que j'aime avoir peur. Et puis, on apprend beaucoup de choses dans les livres. Il y a un mois, j'ai lu le livre de Bernadette Chirac, la femme du président français. Maintenant je comprends sa vie difficile. Et j'ai appris beaucoup de choses intéressantes sur la France. Je pense que c'est important de lire beaucoup de livres. Ensuite, on fait moins de fautes. Par exemple, je lis des petits romans français parce que l'orthographe et la grammaire sont difficiles. Avec la lecture, mon français s'améliore et j'apprends beaucoup de mots nouveaux.

Je n'aime pas lire parce que je pense que c'est ennuyeux. Je ne peux pas passer deux heures avec un livre, être assis et ne rien faire. Moi, je préfère le sport et la télévision. C'est plus intéressant et il ne faut pas réfléchir.

Unité 11 pages 88 à 95 : Roman

• Exercice 1

1. Il a été très malade et il a passé un mois à l'hôpital.
2. Les enfants ont descendu l'escalier quatre à quatre.
3. Lucie est montée dans l'arbre pour attraper le chat et elle est tombée.
4. Non, ça ne va pas, elle a passé une très mauvaise journée.
5. On a sorti la table et les chaises pour manger dans le jardin.
6. Quand est-ce que Valérie est passée chez toi ?
7. Vous êtes sorti(e)(s) à quelle heure ?
8. Tous les enfants sont descendus du train ?
9. Chéri, est-ce que tu as sorti la poubelle ?
10. Pourquoi tu as descendu cette vieille boîte du grenier ?

• Exercice 2

1	2	3	4	5	6	7	8
h	e	d	f	a	b	c	g

• Exercice 3

1. Elle retourne
2. on va / part - On part - on revient
3. quitter - aller / partir
4. venir
5. est allée - retourner

• Exercice 4 : proposition de corrigé

1. Je vais à Toluca, au Mexique, pour passer Noël avec mon ami Pierre et sa famille
2. Tu viens d'où, de Bruxelles ou de Liège ?
3. J'ai adoré La Nouvelle Orléans et je vais y retourner bientôt.
4. Est-ce que tu vas revenir bientôt en France ?
5. Je vais partir en juin en Espagne et je vais revenir en décembre.

Corrigés

6. Il a quitté la France et il est allé vivre à Pondichéry en Inde.

7. Il est entré par le garage et il est allé à la cave pour voler toutes nos bouteilles de Bordeaux.

8. Il a rentré les poubelles, il a mis son manteau, il a descendu une valise et il est parti. Il n'est jamais revenu.

• Exercice 5

Julie a quitté François.	Elle a trouvé un taxi tout de suite.
Date : le jeudi 7 mai Heure : à 15 heures	Date : le jeudi 7 mai Heure : 15 h 05

Elle n'est pas allée travailler le lendemain.	Elle a quitté Paris un mois plus tard.
Date : vendredi 8 mai	Date : le 8 juin

• Exercice 6

Yannick est allé au Mexique. Il a pris l'avion le 5 avril et il est arrivé à Mexico **le lendemain**. Il a visité le sud du Mexique **pendant** une semaine. Pendant son voyage dans le sud, il a rencontré Marianne. Il est resté avec Marianne **jusqu'à** la fin de son voyage. Le 30 avril, il est rentré en France et Marianne est venue en France **un mois plus tard**.

• Exercice 7

- il y a 2 mois = le 8 mai
- depuis une semaine = du 1er juillet au 8 juillet

• Exercice 8

1. ~~jusqu'à~~
2. ~~pendant~~
3. ~~pendant~~
4. ~~depuis~~
5. ~~pendant~~
6. ~~depuis le~~
7. ~~il y a~~
8. ~~pendant~~
9. ~~depuis~~
10. ~~il y a~~

• Exercice 9

Chamonix, le 10 février 2004

Chers parents,

*Voilà ! Je suis à Chamonix **depuis** dimanche. Je suis très contente de pouvoir rester ici **pendant** une semaine. Une semaine avec la neige et le soleil ! Ah, c'est bien !*
*Je fais du ski tous les jours **jusqu'à** 17 heures.*
*Aujourd'hui, j'ai rencontré un jeune homme sympathique. **Il y a** une heure, il m'a téléphoné pour m'inviter à dîner...*

*N'oubliez pas mes plantes **pendant** mes vacances : elles ont besoin d'eau !*
Je vous embrasse,
Simone

• Exercice 10 : proposition de corrigé

1. Depuis une semaine, j'ai mal au ventre et à la tête et je ne vais pas travailler.
2. Il y a une semaine, je suis allée au cinéma pour voir le dernier film de Quentin Tarantino.
3. Pendant un mois, j'ai cherché un appartement et je n'ai rien trouvé.
4. Depuis 2002, ma femme travaille à Pékin comme professeur de français.
5. Jusqu'à la fin du mois, je dois prendre des médicaments tous les jours.
6. Pendant les vacances, je vais débrancher le téléphone et ne pas regarder ma boîte électronique. Je vais me déconnecter.

• Exercice 11 : proposition de corrigé

Je suis marié depuis quatre ans.
Avec ma femme, nous avons eu notre premier enfant il y a un an et demi.
J'ai arrêté de travailler pendant huit mois pour être avec mon fils.

• Exercice 12

1. est partie
2. est arrivée
3. s'est mise
4. sont retournées
5. sommes rentrés
6. est tombée - s'est cassée
7. s'est assise

• Exercice 13 🎧

Julie est allée en vacances à Moscou. Natalia et Julie se sont retrouvées à l'aéroport puis elles sont allées chez Natalia. Elles sont allées voir Moscou, la place Rouge, le Kremlin, elles ont visité le quartier de l'Arbat, puis Julie est tombée et elle s'est fait mal à la tête. Elles sont allées à l'hôpital. Elle a dû rentrer en France en ambulance.

• Exercice 14

1. - Julie, pourquoi tu ne veux pas me parler ?
   - Parce que c'est fini. Je ne veux plus te parler, je ne veux plus te voir. C'est terminé.

2. - Tu es déjà allé aux États-Unis ?
   - Non, je n'y suis jamais allée mais je rêve de vivre à New York. C'est une ville fantastique.

• Exercice 15 🎧

situations	1	2	3	4	5	6
accord	X		X			X
désaccord		X		X	X	

• Exercice 16 : proposition de corrigé

1. - Bon, Cécile, vous finissez ce rapport et je vous invite à déjeuner.
   - Oh ! C'est une bonne idée, je meurs de faim !
2. - Je crois que nos voisins ne sont pas sympas, ils ne disent pas bonjour.
   - Mais non, tu te trompes, ils sont timides, c'est tout.
3. - Tu peux me prêter 3 000 euros, s'il te plaît ? Je voudrais m'acheter une nouvelle voiture.
   - Tu plaisantes, j'espère ...
4. - Je ne veux plus travailler à Paris. C'est loin, c'est fatigant et le travail n'est pas intéressant.
   - Tu as raison. En plus, c'est mal payé.
5. - Qu'est-ce que tu as ? Tu es malade ? Ça ne va pas ?
   - Oh ! Regarde, j'ai 254 tests à corriger. J'en ai marre.

• Exercice 17 : proposition de corrigé

1. - Chéri, regarde, j'ai acheté un tableau cette après-midi.
   - Ah oui ? C'est drôle, moi aussi. Tiens, regarde ce petit chef d'œuvre ... On va le mettre dans le salon.
   - Mais, qu'est-ce que c'est que ça ? Quelle horreur !
   - Pas du tout. C'est un artiste contemporain. Connu. Tu ... Tu as acheté ça ?
   - Ben oui ... C'est beau, non ? Regarde ton tableau ! On ne comprend rien. Il est nul. Il ne me plaît pas du tout !
   - Je ne suis pas d'accord. Ton bouquet de fleurs ... Beurk ! Je refuse de voir ça dans mon salon !
   - Tu as tort.
   - Bien sûr que non !
   - Ah ! C'est insupportable ! J'en ai assez. Pas de tableau dans le salon. C'est tout.

2. - Oui, bonsoir, qu'est-ce qu'il y a ?
   - Qu'est-ce qu'il y a ? C'est une plaisanterie ?
   - Mais ... je ne comprends pas ...
   - La musique ! Votre musique ! Il est 2 heures du matin ! C'est insupportable. Nous ne pouvons pas dormir. Je travaille, moi, je ne suis pas étudiant !
   - Mais ... Nous faisons une petite fête. Vous comprenez, c'est la fin des exams et...
   - Je ne veux pas le savoir ! Vous arrêtez la musique ou j'appelle la police ! On en a marre !

• Exercice 19

1. - Oh là là, elles se ressemblent.
2. - C'est le même prix : 2,50 euros.
3. - Non, elle est plus jeune, elle a 22 ans.
4. - Un kilomètre et mille mètres, c'est pareil !
5. - Oh, oui ! Et il ressemble à son père : ils ont les mêmes oreilles !

• Exercice 20 : proposition de corrigé

La Corée ne ressemble pas beaucoup au Japon. On pense souvent que les pays sont identiques mais il y a de grandes différences. Les personnes, tout d'abord, ne se ressemblent pas. Les deux langues, le coréen et le japonais, non plus. Même les baguettes, pour manger, ne sont pas pareilles. Comme au Japon, on mange beaucoup de riz en Corée. La Corée est un pays moins riche que le Japon et elle a donc plus de problèmes économiques.

• Exercice 21 : proposition de corrigé

1. - Oh, pour moi, la France et la Belgique, c'est la même chose. On mange des frites, on parle français... Il n'y a pas de différence.
   - Mais pas du tout ! En Belgique, on parle aussi flamand par exemple. La Belgique et la France sont très différentes. Ce sont deux cultures qui se ressemblent un peu mais qui ne sont pas identiques.

2. - En fait, pour toi et moi, c'est la même chose, on n'a pas beaucoup de chance avec les filles.
   - Euh ... Regarde ! ça, c'est un carré.
   - Oui.
   - Ça, c'est un rond. C'est la même chose ?
   - Bah, non.
   - Eh bien, c'est comme pour toi et moi. Ce n'est pas pareil.

• Exercice 22

a) Les deux lignes au centre ont la même longueur.
b) Les deux lignes horizontales sont identiques.
c) Les deux cercles au centre sont identiques.

• Exercice 23

1. heureux ≠ triste   2. drôle ≠ sérieux
3. froid ≠ chaleureux   4. mal habillé ≠ élégant
5. stupide ≠ intelligent

• Exercice 24 🎧

1. Mathilde   2. Caroline

• Exercice 25 🎧

1. Quelle chance !
2. Regarde l'orage !
3. Il veut tenter.
4. Je vais avec Laura.
5. Ils en prennent.
6. Ils sont là.
7. J'aime l'étranger.
8. Je l'apporte.
9. Où sont les gants ?

• Exercice 26

1. Je pars **en** vac**an**ces mardi.
2. Il est d**an**s sa ch**am**bre.
3. Elle arrive le tr**en**te déc**em**bre.
4. Les **en**fa**n**ts att**en**dent l'autobus.
5. Gr**an**d-père va avoir c**en**t **an**s.
6. Tu comm**en**ces qu**an**d ?

• Exercice 27

Il y a deux personnages dans le texte : un enfant qui s'appelle Driss (et qui est l'auteur du livre) et son professeur.

Quand Driss a commencé à apprendre le français, il a eu des problèmes pour écrire. En arabe, on écrit de droite à gauche, et Driss a écrit en français de droite à gauche aussi. Alors, toutes les lettres étaient à l'envers.

Unité 12 pages 96 à 104 : Je te retrouverai

• Exercice 1

1. l'odorat   2. l'ouïe   3. la vue
4. le goût   5. le toucher

• Exercice 2

1. b   2. d   3. a   4. e   5. c

• Exercice 3 : proposition de corrigé

1. - Tu viendras à ma fête d'anniversaire ?
   - Promis, je viendrai.
   - Ça va être super !

2. - Tu penses qu'on aura assez d'argent un jour pour aller à Tahiti ?
   - Sans aucun doute, ma chérie. Regarde, j'ai gagné au loto !
   - Oh ! Je n'y crois pas ! Montre !

3. - Dites-moi, Marie-Caroline …
   - Oui ?
   - Vous avez les coordonnées d'Aillagon ?
   - Euh … Elles sont sur votre bureau …
   - Oui, bon, je ne les trouve pas. Téléphonez-lui et invitez-le à dîner.
   - Oh ! Est-ce nécessaire ? Il est tellement ennuyeux …

4. - Alors, j'ai regardé Cécile dans les yeux et je lui ai dit : je vous aime.
   - Mais, qu'est-ce qui t'a pris ? T'es fou ? Qu'est-ce qu'elle a dit ?
   - Elle a répondu : pas moi.

• Exercice 4

	retrouver	étudier	payer
je	retrouverai	étudierai	*paierai*
tu	retrouveras	*étudieras*	paieras
il / elle / on	*retrouvera*	étudiera	paiera
nous	retrouverons	étudierons	paierons
vous	retrouverez	étudierez	paierez
ils / elles	retrouveront	étudieront	paieront

	choisir	dire	prendre
je	choisirai	dirai	prendrai
tu	choisiras	diras	prendras
il / elle / on	choisira	dira	prendra
nous	*choisirons*	dirons	prendrons
vous	choisirez	direz	*prendrez*
ils / elles	choisiront	*diront*	prendront

• Exercice 5

	je / j'	vous	ils / elles
aller	irai	*irez*	iront
avoir	aurai	aurez	auront
devoir	*devrai*	devrez	devront
être	serai	serez	seront
faire	ferai	ferez	*feront*
pouvoir	pourrai	pourrez	prendront
venir	*viendrai*	viendrez	viendront
vouloir	voudrai	*voudrez*	voudront

• Exercice 6

1. on arrivera
2. Vous aurez
3. Tu remercieras
4. Ils ne voudront pas
5. On ira - on choisira
6. Marie-Pierre viendra
7. Je ne pourrai jamais
8. Mon frère essaiera / essayera.
9. Elles comprendront
10. Vous direz

• Exercice 7

Nous partirons - Nous prendrons - notre avion décollera - Nous arriverons - l'avion fera - Ana et Lauro nous attendront - nous irons - nous visiterons - nous commencerons - Lauro portera - je prendrai - Nous reviendrons - nous rentrerons - nous passerons - il faudra

• Exercice 8

1. Vous tomberez amoureux.
2. Vous vous marierez dans deux ans.
3. Vous aurez deux enfants.
4. Vous gagnerez plus d'argent.

5. Vous serez heureux.

6. Vous ferez de grands voyages.

7. Vous rencontrerez des personnes extraordinaires.

8. Vous pourrez tout faire.

• Exercice 9

b) 1. Faux : les « *béliers* » auront des problèmes avec leurs collègues.

2. Vrai

3. Faux : ils seront heureux et troublés.

4. Faux : ils doivent se reposer

c) **Vierge**

Travail : Tout ira bien au bureau. L'ambiance sera très bonne avec vos collègues. Vous aurez beaucoup de travail sur un nouveau projet. Acceptez les responsabilités.

Amour : Pas de rencontre amoureuse. Vous passerez beaucoup de temps avec vos amis.

Santé : problèmes de sommeil.

• Exercice 10 🎧

1. Lion   2. Balance.   3. Poissons   4. Scorpion

5. Verseau   6. Gémeaux   7. Capricorne

• Exercice 11 🎧

1. Il y aura des nuages au nord, en Bretagne et au centre.

2. Les températures seront fraîches au centre, en Auvergne et dans les Alpes.

3. Les températures seront agréables à l'est.

4. Il y aura du vent au sud.

5. Le soleil brillera au sud, en Auvergne et dans les Alpes.

6. Il pleuvra en Corse.

• Exercice 12

La météo de demain en Europe : à Madrid, le temps sera gris et très nuageux mais les températures seront douces. Il fera 15 degrés le matin et 16 degrés l'après-midi. En Turquie, à Istanbul, il y aura beaucoup de vent. Les températures seront fraîches le matin avec 8 degrés et l'après-midi il fera beau avec des températures jusqu'à 14 degrés. Dans le nord de l'Europe, à Oslo, il neigera. Les températures : moins 5 degrés le matin et moins 1 degré l'après-midi. L'hiver est arrivé. Enfin, à Moscou, beau temps sec et froid. Du soleil mais des températures très froides : moins 15 degrés le matin et moins 10 degrés l'après-midi.

• Exercice 13

1. que François vienne   2. qu'il comprenne

3. qu'on finisse   4. qu'on revoie

5. que tu sortes   6. qu'on parte

7. que nous nous arrêtions   8. que vous connaissiez

• Exercice 14

1. Je t'ai prêté un ticket pour que tu prennes le métro.

2. Il t'a donné son adresse pour que tu lui écrives.

3. On ira à la bibliothèque pour que tu choisisses un livre.

4. Christian m'a appelé pour qu'on dîne ensemble ce soir.

5. Je te pose la question pour que tu me dises où tu vas.

6. Téléphone à Pierre-Jean pour qu'il vienne avec nous prendre un petit café.

• Exercice 15

	1	2	3	4	5	6	7
indicatif	X			X		X	X
subjonctif		X	X		X		

• Exercice 16 🎧

1. Il est très bon.   2. Bonjour Léo !

3. Fais un don.   4. Regarde le joli pot !

5. Il faut un exercice.   6. C'est un son.

7. J'aime ce mot.   8. Voilà mon héros préféré.

• Exercice 17 🎧

	1	2	3	4	5	6	7	8
[o]	X	X		X		X		
[õ]			X		X		X	X

• Exercice 18

1. Elle est petite et grosse, et elle a les cheveux longs.

2. Il est blond aux yeux bleus et il a l'air heureux.

3. Il est jeune et mince. Il a un grand nez et de petits yeux noirs.

4. Elle est blonde aux cheveux courts et raides. Elle a de grosses lunettes et elle a l'air très sympathique.

• Exercice 19

Elle est grande et mince et elle est élégante. Elle est jeune. Elle est accueillante et chaleureuse. Elle est souriante. Elle porte un tailleur (jupe et veste) et a une coiffure chinoise.

Il est gros et il a l'air méchant. Il n'est pas cultivé mais il est sportif. C'est un sumo. Il est fort.

• Exercice 20

J'aime beaucoup mon amie Béatrice. Elle est petite et assez mince. Elle a de grands yeux verts et des lunettes. Elle est brune et ses cheveux sont longs et raides. Béa, elle a toujours l'air heureux, c'est agréable !

Corrigés

• Exercice 21
1. d   2. e   3. a   4. c   5. f   6. b

• Exercice 22
1. dans deux jours.
2. en quelques minutes.
3. dans trois minutes !
4. dans un an
5. en 20 minutes.
6. en une semaine.
7. dans trois jours
8. dans 10 minutes.

• Exercice 23 : proposition de corrigé
1. en
   - Tu vas à Orléans demain matin ! Mais c'est loin !
   - Mais non ! En deux heures, j'y suis.
   - Deux heures ! Tu dois vraiment rouler vite.

2. dans
   - Je suis seul à la maison, ma femme est repartie dans son pays pour voir sa famille.
   - Ah ! Bon... et tu es triste ?
   - Un peu, oui.
   - Ne t'inquiète pas, dans un mois elle sera là et vous serez contents de vous retrouver !

3. depuis
   - Comment va Maria ? Je ne l'ai pas vue depuis longtemps.
4. pendant
   - Monsieur ! Je n'ai pas compris le futur simple !
   - Ah... Mais tu as bien écouté pendant le cours ? Tu es sûr ?
   - Euh... Bah... oui, M'sieur !

• Exercice 24
1. Vrai

2. Non, elle pense que c'est très bien de pouvoir soigner les maladies graves.

3. Non, ces progrès lui font peur.

4. Non, mais on peut imaginer des choses comme ça avec les progrès scientifiques.

5. Si. Cette personne est pour le recyclage des déchets.

6. Vrai

Précis de phonétique

Son / écriture

On entend	On écrit	Exemples
[a]	a - à - e - â	bagages - à - femme - théâtre
[ə]	e - ai - on	chemise - faisais - monsieur
[e]	é - ai - ei	étudiant - mairie - peiner
[ɛ]	è - ê - ai - ei	mère - fenêtre - maison - reine
[œ]	eu - œu - œ	heure - sœur - œil
[ø]	eu - œu	deux - vœux
[i]	i - î - y	lire - dîner - recycler
[ɔ]	o - oo - u	école - alcool - maximum
[o]	o - ô - au - eau	dos - drôle - restaurant - chapeau
[y]	u - û	nul - sûr
[u]	ou - où - aoû	rouge - où - août
[ɛ̃]	in - im - ain - aim - ein - yn - ym - un - um - en - (i)en	fin - simple - copain - faim - peinture - syntaxe - sympa - brun - parfum - examen - bien
[ɑ̃]	an - am - en - em	orange - lampe - enfant - temps
[ɔ̃]	on - om	bon - nom
[j]	i - y i + l ou i + ll	hier - yeux travail - travaille
[w]	ou - oi - w	oui - moi - week-end
[ɥ]	u (+ i)	lui
[b]	b	bonjour
[d]	d	date
[f]	f - ph	finir - photo
[g]	g - gu	gare - dialogue
[k]	c - k - qu - ch	café - kilo - qui - chorale
[l]	l	lire
[m]	m	madame
[n]	n	nord
[ɲ]	gn	gagner
[p]	p - b (+ s)	page - absent
[ʀ]	r	rire
[s]	s - ss - c - ç - t (+ ion)	salut - adresse - centre - garçon - natation
[z]	z - s - x	magazine - rose - sixième
[ʃ]	ch - sh - sch	chocolat - shampoing - schéma
[t]	t - th	terre - thé
[v]	v - w	vite - wagon
[ʒ]	j - ge	jour - voyage
[ks]	cc - xc - x	accepter - excellent - expliquer
[gz]	x	exemple

Précis de phonétique

On écrit	On prononce	Exemples
a	[a]	p**a**p**a**
	[ɑ]	the**â**tre
b	[b]	**b**ar
	[p]	a**b**sent
	-	plom**b**
c	[k]	**c**arte
	[s]	**c**hance
	[g]	se**c**ond
	-	blan**c**
d	[d]	**d**ire
	[t]	quan**d** il veut
	-	gran**d**
e	[ə]	p**e**tit
	-	livr**e**
f	[f]	**f**aire
	[v]	neu**f** ans
	-	ner**f**
g	[ʒ]	pla**g**e
	[g]	**g**are
	-	doi**g**t
h	[']	**h**éros
	-	**h**omme
i	[i]	**I**talie
	-	o**i**gnon
j	[ʒ]	**j**our
	[dʒ]	**j**azz
k	[k]	**k**ilo
l	[l]	**l**ettre
	-	genti**l**
m	[m]	**m**ais
	-	auto**m**ne
n	[n]	**n**ature
o	[o]	r**o**be
	[ɔ]	p**o**t
p	[p]	**p**ort
	-	tro**p**

On écrit	On prononce	Exemples
q	[k]	**q**uatre
	-	cin**q** cents
r	[ʀ]	ma**r**i
	-	monsieu**r**
s	[s]	**s**amedi
	[z]	mu**s**ée
	-	rue**s**
t	[t]	**t**asse
	[s]	atten**t**ion
	-	tou**t**
u	[y]	v**u**e
	[ɔ]	maxim**u**m
	-	q**u**i
v	[v]	**v**ert
w	[w]	**w**eek-end
	[v]	**w**agon
x	[ks]	ta**x**e
	[gz]	e**x**emple
	[s]	di**x**
	[z]	di**x**ième
	[k]	e**x**cité
	-	bijou**x**
y	[i]	d**y**namique
	[j]	pa**y**e
z	[z]	maga**z**ine
	[s]	quart**z**
	-	ne**z**